Christo

CW01666287

Lectures de Kant

Le problème du dualisme

Philosophies

Presses Universitaires de France

Philosophies

Collection fondée par
Françoise Balibar, Jean-Pierre Lefebvre
Pierre Macherey et Yves Vargas
et dirigée par
Ali Benmakhlouf, Jean-Pierre Lefebvre
Pierre-François Moreau
et Yves Vargas

ISBN 2 13 050663 1
ISSN 0766-1398

Dépôt légal — 1re édition : 2000, octobre
© Presses Universitaires de France, 2000
108, boulevard Saint-Germain, 75006 Paris

Sommaire

Introduction

La présente étude, centrée sur quelques lectures de Kant en Allemagne du postkantisme jusqu'à Heidegger, ne se propose nullement d'exposer, même dans leurs grandes lignes, les philosophies postérieures à celles de Kant durant la période envisagée, mais de s'interroger sur la lecture que telle ou telle de ces philosophies a pu faire du kantisme. Le souci des philosophes ici étudiés fut moins de restituer une image fidèle du kantisme que de résoudre, soit en se réappropriant, soit en critiquant certaines thèses de Kant, tel ou tel problème précis. La question essentielle n'est donc pas de repérer telle fidélité ou telle infidélité interprétative à l'égard de la doctrine de Kant, mais de *mettre en évidence les raisons pour lesquelles tel ou tel philosophe a produit telle lecture du kantisme plutôt que telle autre.*

Kant lègue à ses héritiers un certain nombre de difficultés qui vont agir comme de véritables stimulants. Parmi elles, tout d'abord, la problématique chose en soi. Au début de l'*Esthétique transcendantale*, Kant présente la chose en soi comme la cause non phénoménale du phénomène. Or, l'*Analytique transcendantale* établit que les catégories n'ont de sens que si elles s'appliquent aux phénomènes. Comment Kant peut-il donc appliquer les catégories de causalité et d'existence à la chose en soi alors qu'elle est soustraite au champ phénoménal ? En outre, la chose en soi ne réduit-elle pas le criticisme, bien qu'il s'en défende, à un scepticisme, dès lors que les choses telles qu'elles sont en elles-mêmes échappent radicalement à la connaissance humaine ? Est-il possible de conférer à la chose en soi un statut compatible avec la lettre et l'esprit du criticisme ou bien faut-il, en renonçant à cette notion, engager un « dépassement » de la philosophie critique ?

Soit l'on maintient la chose en soi, soit on la supprime. Dans le premier cas de figure, comment maintenir la chose en soi – comme cran d'arrêt à l'idéalisme réduisant l'être à l'être perçu – sans tomber dans le réalisme dogmatique consistant à conférer existence et subsistance à une entité non phénoménale ? Dans le second cas de figure, comment supprimer la chose en soi sans tomber dans l'idéalisme dogmatique et sans épouser une philosophie de l'identité (entre la représentation et la réalité, entre le sujet et l'objet) ?

Au problème de la chose en soi se rattache celui du dualisme kantien des sources de connaissance. Définie comme l'effet produit par la chose en soi sur l'âme via les organes sensoriels, la sensation s'oppose à l'entendement comme faculté des concepts purs. Mais quelle est l'origine de cette dualité constitutive de la connaissance humaine ? Kant invoque une racine commune « inconnue de nous » sans se prononcer sur sa nature, rendant problématique l'unité même du connaître humain. En effet, une fois les données matérielles séparées des conditions formelles du connaître, comment concevoir l'accord entre les premières et les secondes ? Qu'est-ce qui fonde la correspondance miraculeuse entre les deux sources du connaître ? Est-il possible de lever cette difficulté tout en restant dans les limites du criticisme ?

En outre, la réduction de l'intuition humaine à une intuition de type sensible, thèse essentielle du criticisme, ne laisse pas de soulever de sérieuses difficultés. Comme on sait Kant situe la finitude radicale de la connaissance humaine dans son incapacité à déduire la matière du concept (l'existence de l'objet) à partir de sa forme (des propriétés conceptuelles de l'objet). En récusant l'argument ontologique consistant à déduire l'existence de Dieu à partir de son essence, le criticisme fait resurgir entre le réel et le rationnel, entre la matière et la forme, une différence radicale condamnant toute tentation du sujet de poser l'existence à partir de sa seule pensée : la pensée est radicalement soumise à l'intuition comme donation de l'objet. Or, cette soumission soulève un problème psychologique en même temps qu'un problème théorique concernant la cohérence du criticisme. Premièrement elle inflige une cuisante humiliation à la pensée qui doit se rapporter à ce qu'elle ne produit pas, à son autre irrationnel pour ne pas extravaguer.

Deuxièmement, l'importance accordée à l'intuition soulève un problème de cohérence. Comment Kant peut-il d'une part définir la connaissance objective comme une connaissance rapportée à l'intuition et d'autre part proposer une « connaissance » des conditions non sensibles de la connaissance ? Comment Kant peut-il proposer la théorie des éléments formels du connaître comme une « connaissance » alors qu'il s'agit d'éléments purs, *a priori* ? Ou bien la limitation de nos connaissances à l'expérience est légitime, et la *Critique* se nie elle-même, puisque sa démarche n'est pas de type expérimental, ou bien la démarche de la *Critique* est légitime, mais alors il n'est pas justifié de limiter la connaissance à l'expérience.

Mais la contradiction la plus éclatante du kantisme apparaît lorsque Kant aborde la philosophie pratique. Dans le domaine pratique, le sujet n'est plus ouvert à l'objet sur le mode de l'intuition mais bel et bien autoposition. Dans la perspective définie par la *Critique de la raison pratique*, agir moralement consiste à poser dans l'être un acte conforme à la loi de la raison pratique. Il semblerait qu'on assiste, selon l'expression d'Alain Renaut, « à une sorte d'argument ontologique pratique, où le sujet autonome, du fait qu'il conçoit une fin comme bonne, l'inscrit dans le réel par son action »[1]. À travers ce passage de la pensée à l'existence, le sujet pratique semble épouser le mouvement même de l'argument ontologique dont la première *Critique* faisait l'emblème de la métaphysique dogmatique. Que devient dès lors la théorie de la finitude radicale développée dans la philosophie théorique ? Dans le passage du sujet théorique au sujet pratique, n'assiste-t-on pas, selon l'expression de Cassirer, à une « percée » en dehors de la finitude ? L'homme producteur de fins bonnes n'a-t-il pas part à l'infinité ? N'épouse-t-il pas la structure de *l'intuitus originarius* producteur de ses objets ? En outre, comme la loi morale vaut pour tous les êtres raisonnables, Dieu y compris (à supposer qu'il existe), le sujet humain n'atteint-il pas en elle un contenu absolument valable, ayant un sens au-delà du seul monde humain ?

Un autre problème se pose : si le contenu de la raison pratique est une pure forme, comment la liberté morale peut-elle s'inscrire dans la nature ? Comment donner à la liberté un contenu concret, particulier, si elle est purement formelle ? La conception kantienne de la liberté nouménale et d'un règne des fins extra-temporels n'est-elle pas le signe

1. Alain Renaut, *Kant aujourd'hui*, Paris, Aubier, 1997, p. 235.

d'un échec à définir les conditions temporelles, concrètes, d'une véritable effectuation de la moralité ? Hegel, mais aussi Cohen, s'attacheront à résoudre ce problème.

Nous tâcherons de manifester que le dualisme kantien de la matière et de la forme[1], ce hiatus radical entre le réel et la pensée, constitue le lien synthétique entre toutes les séparations kantiennes (celle du sujet et de l'objet, du théorique et du pratique, de la nature et de la liberté), et qu'il permet de penser dans leur unité l'ensemble des problèmes suscités par ces séparations. C'est en définitive cette dualité essentielle au criticisme qui ne laisse de provoquer la réflexion et les efforts des grands lecteurs de Kant.

1. Paul Natorp affirme qu'il s'agit là du problème majeur, aussi bien pour le postkantisme que pour le néo-kantisme de l'école de Marbourg : « Tout comme nous, ils [Fichte et Hegel] s'efforcèrent de surmonter le dualisme entre intuition et pensée, entre forme et matière », « Kant et l'école de Marbourg », trad. franç. par Isabelle Thomas-Fogiel, Paris, Cerf, coll. « Passages », 1998, p. 55.

Kant lu par les postkantiens

On désigne sous l'appellation de postkantiens l'ensemble des auteurs qui s'attachent à formuler et à résoudre un certain nombre de problèmes soulevés par la doctrine de Kant, en remaniant ou même parfois en renversant certaines des thèses essentielles du criticisme. Le postkantisme commence aussitôt après la parution de la *Critique de la raison pure*, avec une réflexion sur les problèmes que cette œuvre suscite, et s'étend jusqu'à la philosophie de Hegel. Dans la seconde moitié du XIXe siècle, le postkantisme laisse place à un courant de pensée que l'on s'accorde à nommer néo-kantisme, dont la naissance coïncide avec un certain déclin de la philosophie hégélienne. Alors que le postkantisme s'oriente vers un dépassement du kantisme, le néo-kantisme se caractérisera au contraire par un retour à Kant[1].

Nous nous proposons ici de montrer comment les grandes philosophies postkantiennes se réapproprient, en les

1. Ce mouvement de retour à Kant, dont nous donnerons le détail dans notre prochain chapitre, apparaît en 1862 avec la leçon inaugurale de Eduard Zeller à Heidelberg : *Sur la signification et la tâche de la théorie de la connaissance*. C'est dans ce texte qu'intervient le mot d'ordre : *Zurück zur Kant !*, auquel Hermann Cohen donnera ensuite son adhésion et autour duquel il fondera en 1883 la célèbre école de Marbourg.

modifiant, certaines thèses de Kant pour tenter de résoudre les problèmes légués par lui. La doctrine de Kant apparaît ainsi à la fois comme celle qui pose de nouveaux problèmes à la philosophie, et comme celle qui fournit certaines thèses permettant, au prix d'un certain aménagement, de développer une solution à ces problèmes.

Fichte

Fichte entend avant tout chasser la chose en soi pour échapper au scepticisme et constituer la science philosophique. Dans une *Lettre à Reinhold* du début de l'année 1795, Fichte écrit : « Aussi longtemps qu'on laisse subsister l'idée d'un lien de notre connaissance à une chose en soi qui doit avoir de la réalité tout à fait indépendamment d'elle, le sceptique aura toujours partie gagnée. C'est donc un des premiers buts de la philosophie, que de présenter de façon tout à fait manifeste la nullité d'une telle idée. »[1]

C'est Maimon qui offre à Fichte le moyen d'en finir avec la chose en soi kantienne. Maimon fait abstraction du problème encore dogmatique de l'accord des représentations avec les choses en soi pour lui substituer celui du rapport entre la forme et la matière de la connaissance elle-même[2]. La matière et la forme ne sont pas à entendre comme deux *choses* opposées dont il s'agirait de découvrir le lien ontique (cette question outrepasse les limites de la connaissance)

1. *Vie et correspondance de Fichte*, publié par J. H. Fichte, Weimar, t. II, p. 205.

2. Maimon, *Essai d'une nouvelle logique ou théorie de la pensée*, Berlin, 1794, p. 126.

mais comme deux moments indissociables constitutifs de l'unique acte du savoir. L'absorption de l'un des facteurs dans l'autre, la domination du donné par les pures formes de la connaissance constitue l'idéal auquel le savoir ne saurait renoncer. Le savoir s'engage dans un progrès à l'infini, où le donné est sans cesse diminué, le pensé sans cesse accru, sans que pourtant jamais une coïncidence des deux moments hétérogènes l'un par rapport à l'autre puisse être atteinte.

Chez Fichte, la connexion recherchée entre le Moi (l'identité de la forme rationnelle) et le Non-Moi (le divers rassemblé dans cette forme et déterminé par elle) pose ainsi dans une autre version le problème de Maimon : comment l'entendement, dont la fonction consiste seulement à connaître des formes ou des rapports universels, peut-il par ces formes penser des objets déterminés d'une façon particulière[1] ? Comment à partir de formes générales parvenir à saisir le particulier ? Fichte répond à ce problème en développant originalement la solution proposée par Maimon : aussi certainement que le donné et le pensé ne peuvent jamais être conduits à se recouvrir l'un l'autre, il est non moins certain que l'accord entre l'un et l'autre *doit* être progressivement recherché et produit.

La soumission du contenu matériel, du donné aux pures lois formelles n'est encore accomplie en aucun point, mais cette soumission doit être reconnue comme *accomplissable*, c'est-à-dire comme devant être accomplie[2]. Le Moi libre s'oppose ainsi à tous les contenus purement passifs auxquels

1. Maimon, *Les catégories d'Aristote*, 2e éd., Berlin, 1798, p. 229.
2. Voir en particulier *Principes de la doctrine de la science* (1794), *SW*, t. I, p. 156.

il s'efforce, dans la loi de son progrès, d'imposer ses formes tant théoriques que pratiques. L'unité du savoir apparaît comme le corollaire de l'unité du devoir moral : ici et là la raison doit imprégner de sa propre loi toute la sphère de l'empirique.

L'unité actuellement réalisée, prise comme point de départ dans un système « dogmatique » tel que celui de Spinoza, est conçue comme unité ultime par Fichte, devant être accomplie, comme l'avait dit Maimon, au terme d'un progrès infini. Fichte écrit : « Son unité suprême [celle de Spinoza], nous la retrouverons dans la *Doctrine de la sience* ; mais pas comme quelque chose qui *est*, au contraire comme quelque chose qui *doit* être produit par nous, mais ne *peut* l'être. »[1] S'il faut concéder cette impossibilité d'une résorption totale de la matière dans la forme au scepticisme, en revanche l'acte libre dans lequel se révèle à nous le devoir de produire cette unité porte sa certitude en lui-même. Un pourquoi de cette certitude ne peut être à nouveau réclamé, car demander pour la liberté un fondement plus élevé dont elle *dépendrait* reviendrait à la nier, et à nier notre identité d'êtres libres (non déterminés par des objets).

Fichte ne *peut* questionner la liberté humaine dans ses fondements car il ne le *veut* pas, cette notion étant le principe de sa doctrine. Ce point est problématique car il avoue les limites de la raison qui renonce à questionner son point de départ, à savoir la liberté du sujet. Schelling, Hegel et Schopenhauer auront en commun de dénoncer ce postulat fichtéen et de remonter en deça de cette problématique liberté humaine prise comme principe, que Fichte renonce

1. *Principes de la doctrine de la science*, *SW*, t. I, p. 100.

expressément à questionner : « ... je ne peux pas continuer [à questionner la liberté] si je ne veux pas détruire mon intériorité ; je ne peux pas continuer parce que je ne peux *vouloir* continuer. »[1]

La solution générale de Fichte au problème de l'unité de la forme et de la matière réside donc dans l'idée du devoir d'accomplir cette unité entre le Moi et le Non-Moi. On comprend dès lors le sens que prend chez lui le principe d'identité qu'il introduit comme principe suprême dans les premières esquisses de la *Doctrine de la science* : l'identité n'est pas tant le point de départ que le point d'aboutissement, exigé, du mouvement de la pensée et de l'action. Elle n'est pas comme chez Kant une identité formelle et vide servant à penser l'objet, mais au contraire une identité à produire, l'identité de la matière ou monde sensible et de la forme ou monde intelligible. Elle désigne donc purement et simplement l'exigence suprême à laquelle tout le divers doit se conformer dans le progrès infini du savoir et de la pratique[2]. Mais il faut comprendre que l'unification progressive entre matière et forme n'est possible que par l'activité unifiante du Moi. Cette essence du Moi ne se démontre pas mais fait l'objet d'une intuition intellectuelle.

L'intuition intellectuelle, par laquelle Fichte rompt avec Kant qui n'entendait l'intuition humaine que comme sensible, consiste précisément dans la saisie de l'activité du Moi. Le Moi se saisit lui-même sur fond de son activité théorique et pratique infinie. C'est seulement en elle que le Moi se saisit

1. *Sur le fondement de notre croyance à un gouvernement divin du monde* (1798), *SW*, t. V, p. 182. Voir aussi *La destination de l'homme* (1800), *SW*, t. II, p. 252 sq. (trad. Molitor, Aubier, 1942, p. 145).

2. *Principes de la doctrine de la science*, § 1, *SW*, t. I, p. 91.

lui-même comme *actif*. L'intuition intellectuelle ne porte pas à proprement parler sur une chose ou un être donné, mais sur l'action, sur le Moi en tant qu'activité unifiante réduisant progressivement la matière à la forme[1]. Le savoir doit donc être système et non agrégat, compte tenu du but de la raison qui est de soumettre tout contenu particulier à sa loi, toute diversité à l'unité.

Mais si la philosophie de Spinoza, contrairement à celle de Kant, offre le modèle de la systématicité, loin s'en faut que Fichte suive les traces de Spinoza dans l'élaboration de son système. Dans la *Doctrine de la science* Fichte s'inspire de la démarche critique kantienne et s'oppose à la connaissance du troisième genre comme connaissance génétique des étants dans leur singularité. La *Doctrine de la science* n'entend pas produire les objets singuliers du savoir, mais seulement la forme de tous les objets possibles, et reste en ce sens dans la lignée de Kant. Seulement le Moi et le Non-Moi ne sont pas à entendre à la manière de Kant – tel que le comprend Fichte –, c'est-à-dire comme des choses opposées l'une à l'autre, avec d'un côté le sujet et d'un autre côté les choses en soi, mais comme une façon d'exprimer les deux moments constitutifs du savoir et de l'action, moments inséparables sinon abstraitement. À la sphère de « ce qui est soumis à la forme » fait face constamment la sphère de l'« informe », qui, d'après son concept, est « susceptible d'être mis en forme ». Diminuer à l'infini le quantum de cette sphère de l'informe ou Non-Moi est ce qui

1. *Deuxième introduction à la Doctrine de la science* (1797), *SW*, t. I, p. 466 ; trad. Philonenko *in* Fichte, *Œuvres choisies de philosophie première* (désormais *OCPP*), Vrin, 1972, p. 275.

donne sens à l'activité du Moi tant comme raison théorique que comme raison pratique[1].

C'est sur ce point que Fichte entend se démarquer de Kant qui, commençant par séparer dogmatiquement l'élément passif (la matière étrangère au moi) de l'élément actif (le moi et ses formes), se condamne à un dualisme rendant impossible la pensée de l'unité et du système : « On cherchera toujours en vain un lien entre le sujet et l'objet, si on ne les a pas d'emblée appréhendés originellement dans leur réunion » (*SW*, t. I, p. 528). Après avoir en effet posé un terme comme détaché de l'autre ou comme absolu, le Moi ou la chose, il devient impossible d'expliquer l'un à partir de l'autre. Kant se voit donc contraint, indépendamment des formes pures du savoir et des lois universelles, d'admettre une particularisation des contenus de savoir dont il ne peut découvrir le fondement. Or, c'est précisément cette question du fondement ou de l'origine du Non-Moi – que Kant situait dans la chose = X – qui disparaît avec Fichte.

Nous ne nous demandons plus, maintenant, d'où provient la particularité que présente le contenu de conscience, mais pourquoi et à quelle fin elle existe. Telle est la manière dont Fichte dépasse le problème légué par Kant, celui du fondement de l'opposition matière / forme, pour lui substituer la question de son sens. Le sens de l'opposition, on l'a vu, est la résorption progressive du divers dans les formes du Moi. La *Doctrine de la science* admet le particulier comme

1. Voir notamment la première esquisse de la *Doctrine de la science* : « La contradiction [entre Moi et Non-Moi, entre raison et sensation] ne doit jamais être levée, mais elle doit être rendue infiniment petite », cité par Kabitz, *Études sur le développement de la doctrine de la science de Fichte à partir de la philosophie kantienne,* Berlin, 1902, p. 96 sq.

un simple fait, dont le sens est d'indiquer à la Volonté sa tâche infinie. Le mouvement de la progression est le suivant : il s'agit pour le Moi de s'approprier activement ce qui se présente d'abord comme un pur donné particulier, *de mettre à l'actif du Moi ce qui apparaît d'abord comme un contenu passif de la conscience.* L'idée maîtresse est que le Moi est toujours actif, et il s'agit d'amener à la conscience les modalités de son activité.

Dans cette perspective Fichte aménage certains éléments de la *Critique* kantienne. La sensation, qui pour Kant désigne l'impression passive que la chose fait sur nous, est présentée par Fichte comme incluant en soi une synthèse d'activité et de passivité. En effet le Moi doit rapporter à lui le contenu hétérogène qu'il trouve en soi et par là se l'approprier de façon spontanée : c'est par sa propre activité, écrit Fichte, que le Moi pose une qualité après l'autre dans sa conscience. Le Moi agit *inconsciemment* en posant les qualités comme reproductions d'une chose existante en dehors de lui, de sorte que nous avons en fait une activité, que Fichte désigne par le terme d'intuition, qui pourtant apparaît comme une passivité (tant que nous n'en prenons pas conscience). Il s'agit donc pour Fichte de mettre à jour l'activité du Moi impliquée dans l'apparente passivité de l'intuition.

Cette activité est celle que Kant désignait sous le terme de schématisme, et mettait au compte de l'imagination productrice. L'intuitionner de l'objet selon Fichte n'est à son tour possible que par cette activité fondamentale qui est le schématisme. En effet le schème n'est pas un reflet passif *(Abbild)* d'objets empiriques existants, mais l'original *(Vorbild) a priori* pour des synthèses empiriques possibles qui sont sous son emprise et sont déterminées par lui en tant que loi nécessaire. L'intuition empirique effective n'est elle-même pas possible sans que nous la rapportions à cette « ébauche » en pensée qu'est le schème et sans que nous la fixions en elle. Toute intuition de quelque chose de donné et d'effectif est seulement un cas particulier d'application de ce pouvoir de schématiser et de figurer originairement, pouvoir en lequel s'enracinent pour nous non seulement les formes de l'espace et du temps, mais aussi toutes les catégories pures. Sur ce point Fichte s'oppose au Kant de la *Critique*. Kant considère le temps est l'espace comme des formes données, appartenant à la sensibilité, et à partir desquelles l'imagination peut produire les schèmes des concepts purs, l'espace et le temps étant impliqués dans les schèmes des concepts mathématiques, le temps seul dans la schématisation des concepts dynamiques. Fichte en revanche met le schématisme au fondement non seulement des catégories, mais aussi des formes de l'espace et du temps, à l'instar cette fois du Kant de *L'Anthropologie* qui présente l'imagination productrice comme *exhibitio originaria* de l'espace et du temps eux-mêmes (§ 28). Il s'ensuit que le phénomène ne désigne plus comme dans la *Critique* l'effet de la chose en soi sur notre âme mais le déploiement de l'activité même de former et d'imager.

Mais Fichte introduit une inflexion dans la notion d'imagination afin d'éviter toute interprétation psychologisante de la connaissance. Il remplace le terme de faculté d'imaginer *(Einbildungskraft)*, auquel on associe volontiers l'idée d'arbitraire, par celui de faculté d'imager *(Bildungskraft)*. Car il ne s'agit pas dans l'idéalisme transcendantal d'un pur arbitraire de la représentation, mais au contraire de sa fixation et de sa concentration dans des schèmes fondamentaux déterminés qui rendent possible l'objectivité du savoir. La liberté de la *Bildungskraft* n'est pas à entendre au sens d'un *liberum arbitrium indifferentiae*, mais au sens kantien de l'autonomie. L'imager est libre au sens où il obéit à sa propre règle, produisant le monde des formes *a priori* qui fournissent le modèle pour toute existence empirique déterminée[1].

Fichte reste cependant fidèle à Kant sur le point suivant : le donné, le fait est indéductible et ne saurait être engendré ou démontré par la conscience. Fichte reste fidèle à ce thème aussi bien dans ses écrits théoriques que dans ses écrits pratiques. Il ne faut donc pas se méprendre sur la notion de genèse telle que l'entend Fichte dans les diverses versions de la *Doctrine de la science*. Il ne s'agit pas comme dans la connaissance du troisième genre décrite par Spinoza de produire la genèse du particulier ou du donné, mais de produire la genèse des actes par lequel le Moi s'approprie les faits en les reliant systématiquement les uns aux autres. Philosopher sur la religion par exemple suppose un fondement déterminé, le fait religieux, auquel la pensée se rapporte continuellement, mais qu'elle ne peut cependant pas créer elle-même arbitrairement. Il en va du fait religieux comme du fait moral, que Kant nommait « fait de la raison ». Il n'est pas question pour le philosophe de *démontrer* la certitude de la loi morale et de l'ordre intelligible de l'agir qui lui est lié. Tout ce que peut faire le philosophe, c'est d'*expliquer* ce fait de la conscience en le posant *en une relation systématique avec d'autres faits*, comme par exemple celui de l'activité pure du Moi. Rendre vivant le fait religieux ou moral en l'homme c'est le relier à ce qui est

1. *Précis de ce qui est propre à la Doctrine de la science*, *SW*, t. I, p. 374 ; trad. *OCPP*, p. 213 sq.

déjà en lui avant tout acte philosophique, à savoir l'activité pure qui est la marque de l'Infini dans le fini[1].

Le sujet fichtéen n'est plus comme chez Kant d'abord un sujet connaissant, puis un sujet moral agissant. Il n'est rien d'autre qu'un pur agir, l'acte de se poser lui-même. Ce Moi absolu offre un dépassement de l'opposition toujours présente chez Kant entre le fini réceptif et l'Infini spontané, puisque le Moi comme autoposition, comme pure spontanéité, accomplit la présence de l'Infini dans le fini. Certes cette autoposition doit pourtant se limiter. Cette limitation du Moi s'effectue par l'opposition à un Non-Moi. Mais ce qui est radicalement nouveau par rapport à Kant, c'est que le Non-Moi (la matière) n'est pas étrangère au Moi, mais désigne une opposition interne au sein du Moi lui-même, qui donne sens à son activité (soumettre la diversité matérielle à la forme au terme d'un progrès infini). En d'autres termes le Non-Moi est constitutif du Moi : le Moi ne peut se poser que comme déterminant le Non-Moi. La moralité est une entreprise de travail et de culture dans laquelle le sensible comme Non-Moi est le matériau résistant de l'accomplissement du devoir. Fichte dépasse le dualisme kantien de la moralité et de la pathologie en les saisissant au sein d'un même élan : le vouloir moral est l'objectivation dans sa pureté de cet élan qui se pose d'abord inadéquatement dans les tendances, qui comme obstacles ou résistances à surmonter donnent sens à l'action morale.

Le Non-Moi signifie également autrui. Fichte fait intervenir l'idée kantienne d'intersubjectivité au cœur du moi moral.

1. *Rappels, réponses, questions* (1799), *SW*, t. V, p. 371. Voir aussi *Sur le fondement de notre croyance*, *SW*, t. V, p. 178 sq.

Ma destination morale ne m'apparaît que dans l'interaction avec d'autres destinations morales, ce qui signifie que le Moi moral ne peut se poser comme tel sans poser et s'opposer d'autres êtres raisonnables et libres. La synthèse de ces libertés opposées consiste dans leur limitation réciproque, ou dans l'autolimitation par chacun de sa liberté propre. Ainsi chez Fichte le droit comme limitation et condition de la liberté n'est-il pas une simple exigence de la raison pratique comme chez Kant[1] puisqu'il en est la présupposition : avant de se penser comme libre, le moi pratique doit s'être assuré de son pouvoir, ce qu'il fait dans le cadre de l'État dispensateur de tous les droits. Les droits concèdent à chacun une sphère où son vouloir peut effectivement agir sur la nature, et où le Moi peut ainsi accéder à la conscience de sa liberté, et accomplir son essence d'homme[2]. Dans le milieu de cette réciprocité des libertés juridiquement instituée, où la connaissance d'autrui signifie la reconnaissance de sa liberté au sein d'un rapport pratique, l'interaction morale peut se développer. Voulant ma liberté, je veux celle des autres : « La fin morale ultime de tout être raisonnable est l'indépendance de la raison en général, donc la moralité de tous les êtres raisonnables » (*SW,* t. IV, p. 233).

En réconciliant le Moi et le Non-Moi dans un Nous, l'agent moral s'efforce de faire advenir le règne de la raison universelle. L'ordre moral du monde est le réquisit de toute action morale, et la croyance en cet ordre est la religion : « Cet ordre moral vivant et agissant est lui-même Dieu, et

1. Chez Kant le droit naît, formellement, de la raison pratique : c'est un ordre des rapports des hommes entre eux exigé par la raison pratique.

2. *Grundlage des Naturrechts*, 1796, *SW,* t. III, p. 39.

nous n'avons besoin d'aucun autre Dieu et ne pouvons en saisir aucun autre » (*SW,* t. V, p. 186). L'agir humain devient lui-même la manifestation de l'agir divin comme ordre moral en devenir. Certes il n'y a de réalité effective que par le Moi, mais le fondement absolu du Moi est un Autre dont l'altérité par rapport au Moi fini (c'est-à-dire au Moi à la fois actif et passif) vient de sa totale activité.

Ainsi le droit, la morale, la religion ne sont que l'objectivation des médiations permettant à la conscience de soi complète de se poser. On n'a plus affaire comme chez Kant à différents domaines mais à différentes médiations d'un même accomplissement du Moi. Il convient cependant de souligner que c'est dans le kantisme que Fichte trouve les éléments d'une synthèse entre la religion et la philosophie pratique, entre Dieu et le moi fini. En présentant l'acte moral comme à la fois absolu, pur, et rationnel, Kant rendait philosophiquement concevable la rencontre de l'Acte pur infini divin et de l'agir humain, à la fois rationnel et limité, sensibilisé, cherchant à réaliser progressivement au sein de l'ordre moral l'agir en son absoluité.

C'est précisément dans ce dialogue entre ma volonté finie et la volonté infinie que consiste selon Fichte la vie morale. L'impératif kantien est donc réinterprété comme l'appel de cet Infini que je pressens en moi quand j'agis moralement, la vocation, la destination qui me constituent en ma singularité : « La voix de la conscience, qui impose à chacun son devoir particulier, est le rayon lumineux selon lequel nous émanons de l'Infini et sommes institués comme des êtres singuliers et particuliers » (*SW,* t. II, p. 299). Cette présence de l'Infini en chacun permet de penser la liberté en autrui et fonde l'intersubjectivité comme interaction d'êtres libres : « ... cette connaissance et interaction d'êtres libres (...) se laisse uniquement expliquer par l'Un dans lequel ils sont liés (...). C'est seulement par notre source spirituelle commune que nous avons conscience l'un de l'autre » (*ibid.,* p. 301).

En saisissant en elle la présence d'un ordre qui anime sa liberté, la conscience fait l'expérience de l'altérité du fondement immanent. Dans *L'initiation à la vie bienheureuse,* Fichte n'analyse plus l'expérience morale comme expérience du devoir, mais comme l'expérience du religieux qui saisit l'unité de la vie divine et de la vie humaine. Le moi n'est plus seulement la réponse à l'appel, à la parole que lui adresse Dieu, il est cette parole même, le Verbe de Dieu. La vie infinie n'est plus ici le terme inaccessible de l'effort, l'idéal visé par le Moi, elle n'est pas non plus le fondement d'où émane l'appel qui me singularise, elle est dans l'amour, dans l'accueil joyeux de la présence de Dieu. Prenant conscience qu'il est une détermination finie de l'Agir infini dont la richesse le dépasse, l'homme se rend totalement passif de cet agir, et cette passivité le rend suprêmement actif, puisqu'il veut ce qui arrive et ne le subit plus. La religion est « la conscience intime que Dieu vit et agit réellement en nous et y accomplit son œuvre » (*SW,* t. V, p. 473). La religion est une expérience totale, sans lacune ni hiatus, elle est donc aussi vraie que la philosophie. Fichte dépasse le manque d'unité de la philosophie kantienne en supprimant tout hiatus entre l'Infini et le fini.

Renaît ainsi sous la plume de Fichte, à l'encontre de la critique kantienne, la métaphysique, avec la position d'un principe premier objet offert à l'intuition intellectuelle, et la

1. *Du Moi comme principe de la philosophie ou sur l'inconditionné dans le savoir humain, Friedrich Joseph Wilhelm von Schellings Sämmtliche Werke* (désormais *O C*), éd. Cotta, Stuttgart et Ausburg, 1856-1861, t. I, § 15, p. 211.

volonté de construire un système philosophique unifié. Cette nouvelle métaphysique est-elle tenable ? Quels problèmes soulève-t-elle à son tour, et quelles solutions peut-on leur apporter ? Nous allons voir pourquoi Schelling se sépare progressivement de Fichte et comment, par sa réappropriation de certaines thèses kantiennes, il propose une solution originale aux problèmes que soulève la doctrine de son maître.

Schelling

Le défaut de Fichte selon Schelling est qu'il ne parvient pas à montrer l'identité du Moi et du Non-moi comme une identité réelle, fondée dans l'être. Cette identité est seulement pensée par lui comme une « fin idéale »[1]. Dans le phénomène de la volonté morale, nous saisissons avec Fichte comme nécessaire une unité que dans la connaissance théorique nous sommes incapables de montrer *en fait*. Comment penser l'unité entre le moi et le monde autrement que comme une unité nécessaire moralement, autrement dit comment manifester le lien ontologique entre le sujet et l'objet, la matière et la forme, qui rendrait concevable leur identification ultime ?

Deux possibilités, également insatisfaisantes, s'offrent jusqu'à ce jour. Elles consistent à sacrifier un terme de l'opposition à l'autre : soit on abolit le moi face au monde, soit on abolit le monde face au moi. La première position est celle de Spinoza : en se vouant à l'Absolu, le moi se mue en

1. *Lettres philosophiques sur le dogmatisme et le criticisme*, *OC*, I, p. 339 ; trad. S. Jankélévitch, Paris, Aubier, 1950, p. 156.

cet Absolu lui-même. La seconde position est celle de Fichte, qui érige cette fois le moi en l'Absolu en lequel tout se résout, position à laquelle le premier Schelling adhère. Mais notre auteur prend bientôt conscience qu'ici et là c'est le néant qui attend l'homme : avec Spinoza l'homme travaille à son anéantissement, comme simple « modification d'un objet dans lequel il trouve tôt ou tard son déclin »[1]. Le moi comme causalité libre se perd dans son immersion dans la chose. Le même néant menace l'idéalisme absolu fichtéen conçu dans son achèvement, c'est-à-dire dans l'identité de la matière et de la forme : dès lors que la matière ou l'objet disparaît au profit du moi, ce dernier se trouve privé de la condition d'exercice de sa liberté. Autrement dit dès que l'objet n'est plus *Gegenstand*, ce qui se tient devant, ce qui résiste à la forme, manque la condition de tout agir empirique fini.

À la place de l'antithèse de l'être absolu et de la liberté, Schelling introduit cette autre, de la « nature » et de l' « esprit ». Ce qui est nouveau dans cette nouvelle manière d'exprimer l'opposition entre le Moi et le Non-Moi, c'est que s'ouvre la possibilité de dépasser l'opposition non plus en amont mais en aval, par la découverte de leur origine commune. Schelling saisit *dans leur unité ontologique* fondamentale les deux termes apparemment antithétiques. La notion qui permet de penser cette unité est celle de vie. La vie en effet présente cette particularité de s'exprimer dans les deux règnes, celui de la liberté et celui de la nature. Comme puissance spontanée elle représente un analogon de la liberté tan-

1. *Introduction à l'esquisse d'un système de la philosophie de la nature*, *OC*, III, § 6, p. 284.

dis que de l'autre côté, comme vie inconsciente d'elle-même, elle descend dans le domaine des simples êtres naturels.

Schelling établit une unité entre les trois critiques kantiennes qui selon lui expriment, chacune à sa manière, un même principe supra-sensible. Dans la *Critique de la raison pure* Kant décrit le principe de façon purement négative et symbolique par le concept de chose en soi. Dans la *Critique de la raison pratique* il découvre le contenu positif du principe, qui s'exprime comme liberté, c'est-à-dire comme volonté se donnant à elle-même librement sa loi. Mais Kant, selon Schelling, ne trouve l'expression la plus accomplie de son principe fondamental que par-delà l'opposition du théorique et du pratique, de la nature et de la liberté, dans le phénomène de l'art et celui de la vie organique. L'autonomie de la volonté morale, l'autonomie de la vie, l'autonomie de la création artistique sont conçues par Schelling comme étant issues d'un même fond, comme dérivant d'une même source.

Schelling passe de la philosophie du Moi de Fichte à la philosophie de la nature, conçue comme puissance spirituelle s'organisant elle-même. En tant que vie, la nature ne doit pas être regardée à partir des concepts de l'entendement séparateur, car alors elle se désagrège en éléments, qui ne sont plus reliés entre eux par des relations internes mais par des effets purement externes. Sur ce point Schelling s'oppose à la conception kantienne de la nature comme ensemble des phénomènes soumis à des lois. Schelling propose une autre façon de voir, qui ne saisit pas la nature comme simple produit mais la saisit au contraire dans sa libre productivité. L'intuition intellectuelle nous ouvre l'accès au principe comme nature sujet ou *natura naturans*, ce dont est incapable l'intuition sensible qui ne nous offre que le produit fini, l'objet ou la *natura naturata*[1]. En d'autres termes l'intuition sensible chère à Kant masque autant qu'elle manifeste : en nous montrant le produit elle nous occulte la productivité, le mouvement de création. L'intuition philosophique en revanche, qui porte non sur des choses mais sur l'acte même de créer (par exemple sur l'acte par lequel, artistes, nous organisons la matière), est seule à même de nous ouvrir l'accès au principe, à la nature comme sujet.

La notion kantienne d'imagination productrice est remaniée pour désigner non pas la seule faculté créative de l'esprit humain, mais plus originairement la puissance de produire la diversité du monde elle-même, forme et matière. La vie et la diversité ne sont possibles que par le principe de l'imagination divine, qui produit la matière en l'informant. Dans le monde dérivé, l'imagination humaine transmet aux produits particuliers de l'art l'élan qu'elle reçoit de la divinité, en les informant à son tour. En d'autres termes l'artiste prolonge l'œuvre de Dieu : « ... l'univers se constitue à nouveau dans le reflet de l'imagination humaine. »[2] L'imagination humaine consacre la re-naissance du monde, mais pour Schelling l'artiste n'est pas en rivalité avec Dieu puisqu'il en est le prolongement. L'artiste imite Dieu en créant l'œuvre d'art, « synthèse de la nature et de la liberté », de la matérialité et de la finalité. L'univers doit ainsi pouvoir être compris jusqu'en ses derniers traits particuliers comme organisme et œuvre d'art divine, mais sans que soit sacrifiée pour autant la libre créativité humaine.

2. *Philosophie de l'art*, *OC*, V, § 30, p. 393.

1. *Exposition du vrai rapport entre la philosophie de la nature et la doctrine de Fichte améliorée*, *OC*, VII, p. 64.

C'est dans cette perspective que l'on comprend le statut de l'intuition intellectuelle, par laquelle Schelling s'oppose lui aussi à la réduction kantienne du terme d'intuition. Saisir le réel comme un organisme en devenir, voilà la tâche de l'intuition intellectuelle. Dans cette perspective Schelling se démarque de la théorie kantienne de la science gouvernée par la catégorie de causalité. La causalité disloque la nature sans en saisir l'intime unité. Elle se meut à l'intérieur d'une sphère complètement conditionnée, dans laquelle chaque membre particulier est toujours rapporté à un autre, sans que rien ne se constitue concernant la signification et la valeur de la série dans son entier. Contre le mode de considération de type causal, Schelling fait valoir la construction mathématique, domaine par excellence où l'intuition intellectuelle saisit la genèse nécessaire des objets. La géométrie par exemple, n'explique pas comment il se fait que dans un triangle, le plus grand côté soit toujours vis-à-vis du plus grand angle, mais elle pose simplement ce rapport comme nécessaire. Elle ne remonte pas derrière la figure intuitionnée qui est devant elle, comme cela se passe en physique mécaniste, pour la remplacer par quelque chose de tout à fait autre, mais elle ne fait que persister dans l'intuition même, ce en quoi cependant elle relie l'intuition singulière à d'autres pour former un système, c'est-à-dire une totalité de figures. Ce qui sert de guide et de fil conducteur au géomètre, c'est l'unité partout homogène de l'espace, au philosophe c'est l'unité de l'Absolu lui-même. L'analogie qui se dégage ici entre la construction mathématique et la connaissance philosophique est un trait assurément antikantien, puisque Kant, dans son chapitre consacré à la « Discipline de la raison pure dans son usage dogmatique », réserve la construction à la mathématique et la dénie à la philosophie, laquelle demeure condamnée à déterminer conceptuellement l'objet qu'elle ne construit pas mais se contente d'accueillir.

C'est que Schelling demande à la philosophie d'épouser le point de vue de l'entendement intuitif tel que Kant le définit dans la troisième *Critique*, c'est-à-dire de l'intellect archétype producteur de ses objets, distinct de l'intellect ectype réceptif de la diversité qu'il soumet à ses concepts. Schelling nous propose de nous couler dans le mouvement même de la production des étants, d'entrer dans la perspective divine en prenant part spirituellement aux productions de la nature. Il s'agit non plus de fixer le réel au moyen de concepts, mais de se tenir dans la dynamique du processus vital. Et c'est bien la raison intuitive du mathématicien qui tient lieu de modèle pour ce mode dynamique de pensée. À l'instar du mathématicien qui raisonne en construisant ses objets dans l'intuition, le philosophe doit s'efforcer de saisir le processus d'engendrement des étants, de sympathiser avec le devenir. On quitte ici la philosophie de l'entendement qui détermine ce qui est devenu, au profit de la raison qui suit le processus de ce qui devient : « La raison est assignée à ce qui devient, l'entendement à ce qui est devenu (...) ; elle prend plaisir au déploiement, il souhaite tout arrêter, afin de pouvoir s'en servir. »[1] Bref, comme le mathématicien mais également comme l'artiste qui assiste à la genèse de son œuvre, le philosophe se propose de voir à la fois rationnellement et intuitivement, dépassant ainsi la

1. Cassirer, *Les systèmes postkantiens*, Presses Universitaires de Lille, 1983, p. 212 sq.

séparation kantienne entre ces deux moments du connaître. Le philosophe doit voir dans la nature non pas d'abord des choses auxquelles il assigne ensuite des propriétés, mais des forces organisatrices, le point d'apparition et le point d'amortissement de ces forces.

En quoi consiste donc le processus d'épanouissement de l'Être ? L'Absolu se déploie selon Schelling en une diversité d'Idées ou types spécifiques, avant de se développer en une diversité spatio-temporelle qui participe plus ou moins bien à l'idéalité de chacun de ces types. En d'autres termes la matière résiste plus ou moins à la perfection des types et à leur réalisation phénoménale. Dans l'existence empirique nous avons affaire à une puissance de résistance qui entrave et contrecarre l'apparition de purs modèles dans le phénomène. On a donc d'une part la vie des choses inscrite dans les Idées *(das vorgebildete Leben),* vie sans commencement ni fin, et d'autre part la vie reproduite *(das nachgebildete Leben),* la vie empirique qui naît et passe, non pas librement mais sous la contrainte de *conditions étrangères*. Mais d'où provient cet étranger et quel est le fond de son existence ? Entre la diversité idéale et le monde des phénomènes spatio-temporels, Schelling est incapable de trouver une *médiation* – celle-là même que Kant trouvait dans le concept.

La première *Critique* Kant partait de l'intuition sensible, ramenée à ses conditions de possiblité : les concepts purs de l'entendement. On suivait facilement le chemin qui menait de l'intuition sensible au pur concept de l'entendement, puis de celui-ci à l'Idée de la raison. L'Idée n'était rien d'autre que le concept limite de l'expérience même, induite de celle-ci à titre de condition et se trouvant avec elle dans une corrélation indissoluble.

Or, Schelling, comme l'a bien souligné Cassirer[1], suit le chemin exactement inverse de celui de Kant. Il part de l'Idée par excellence, Dieu, qu'il envisage non plus comme condition transcendantale d'une connaissance finie mais comme principe ontologique. Ce principe est conçu comme déployant les types idéaux des étants empiriques. Seulement le passage de l'intelligible à l'étant empirique demeure une énigme complète. La faille entre le monde des Idées et le monde empirique spatio-temporel ne peut être comblée par la pure pensée constructive. En d'autres termes Schelling demeure incapable de manifester le passage d'un monde à l'autre. La raison bute sur un irrationnel qu'elle ne peut comprendre à partir d'elle-même, à savoir le divers sensible. Certes la structure générale de l'expérience peut bien être déduite, mais non pas la particularité de son contenu. Tel est « le point incompréhensible et inexplicable de la philosophie »[2].

Dans une perspective théologique cependant, Schelling propose une explication à la faille entre l'idéel et l'empirique, et de manière générale à l'ensemble des séparations héritées de Kant. Il est intéressant de voir à quel point la dualité est associée au Mal, en lequel elle trouve, selon Schelling, son origine. Tout d'abord la distinction élémentaire entre théorique et pratique, entre être et devoir être, est due au péché : que les choses puissent être et soient effectivement autrement qu'elles ne devraient être ne s'explique qu'en vertu d'un événement survenu dans le réel qui ne fait pas partie de son ordre originel. L'origine de la distinction entre phénomène (ce qui

2. *Système de l'idéalisme transcendantal*, *OC*, III, p. 410 ; trad. Dubois, Éd. Peeters, Louvain, p. 69.

1. *Différence des systèmes philosophiques de Fichte et Schelling*, in *Premières Publications*, traduction, introduction et notes par Michel Méry, Paris, Vrin, p. 87.

est) et noumène (ce qui doit être), entre la raison théorique (rivée aux phénomènes) et la raison pratique (accédant au noumène) est imputée à une chute morale (*OC*, XIV, p. 349).

Le dernier Schelling reconnaît en définitive l'irréductibilité du Non-Moi au rationnel. Il revient de la position suivant laquelle l'empirique, face au monde de l'Idée pure, serait un pur négatif ou coefficient de résistance, pour lui accorder une positivité propre. Entre le rationnel et le factuel ou l'empirique, un nouveau rapport est désormais reconnu : tous deux sont des éléments également nécessaires et également originels, de sorte qu'aucun ne se laisse dériver ni déduire de l'autre. Tous les deux ne se présentent que l'un avec l'autre et l'un par l'autre. Seulement, cette dernière position réactive l'énigme de la dualité plutôt qu'elle ne la résout. Le coriace problème du dualisme de la matière et de la forme se pose à nouveaux frais : entre le penser et la réalité, le Principe et la diversité, se glisse un hiatus insondable, rendant à nouveau nécessaire de penser l'unité et de la fonder rationnellement, systématiquement. Tel est le défi que Hegel tente de relever à son tour, utilisant et se réappropriant certains des éléments de la doctrine kantienne pour dépasser les apories de ses prédécesseurs, Fichte et Schelling.

Hegel

Le défaut de Schelling selon Hegel est qu'il n'explique pas comment le premier Principe peut revêtir et engendrer des formes différenciées. Dans la Préface à la *Phénoménologie de l'esprit*, Hegel déplore dans la doctrine schellingienne une façon artificielle d'opérer, au moyen de deux concepts, celui de l'idéal et celui du réel, qu'un hiatus insurmontable sépare. De manière générale, on peut dire que le souci premier de Hegel est de penser l'unité, de surmonter les dualismes légués par Kant (le dualisme du sujet et de l'objet, de la forme et de la matière, du concept et de l'effectivité, de l'idéal et du réel, de la cause et de l'effet, etc.), dualismes qui compromettent l'avènement d'un système cohérent et qui sont à mettre au compte de l'entendement séparateur. Hegel n'a de cesse de combattre les procédés d'isolement et de séparation dont use si volontiers Kant et qui l'empêchent, lui et ses héritiers, de saisir l'unité concrète du réel. Retrouver l'unité, dépasser les oppositions, telle est la tâche que se fixe Hegel : « Supprimer les oppositions ainsi fixées [entre l'esprit et la matière, la subjectivité et l'objectivité], c'est l'unique intérêt de la raison. »[1]

Mais le rapport de Hegel à Kant est loin d'être purement négatif. C'est en se réappropriant certains éléments de la doctrine de Kant, ceux-là mêmes qui offrent les moyens de dépasser les oppositions abstraites de l'entendement, que Hegel parvient à surmonter le problème majeur issu du kantisme, à savoir la non-unité de l'être et du penser, ou encore l'absence d'une pensée vraiment cohérente et satisfaisante de cette unité. Les trois éléments de la doctrine kantienne qui vont permettre à Hegel de constituer sa propre philosophie comme solution à ce problème nous semblent être la doctrine de l'imagination productrice, la définition de l'entendement intuitif et la doctrine des antinomies de la raison pure.

1. *Foi et savoir*, trad. Méry, *loc. cit.*, p. 213.

Le premier problème auquel la doctrine kantienne de l'imagination aurait pu, selon Hegel, apporter une solution est celui de l'opposition entre le connaître et les choses en soi, opposition qui consacre le dualisme du sujet et de l'objet. Chez Kant toute détermination de l'entendement demeure liée à un donné comme à une borne infranchissable. L'entendement aura beau assujetir toujours davantage ce donné à sa forme logique, celui-ci reste néanmoins de par son origine l'Autre absolument et l'étranger, qui lui fait face comme un opposé irréductible. Cet Autre en effet se fonde dans la « chose en soi », qui trace une séparation irréductible entre la connaissance et ses objets. L'imagination comme unité synthétique, servant à lier les phénomènes à partir des concepts de l'entendement, relève ainsi uniquement de la forme de la connaissance. Elle doit lier un contenu donné et fondé ailleurs, en lui-même informel ou chaotique[1].

Kant ne parvient pas, en dépit de sa conception originale et pertinente de l'imagination, à surmonter le dualisme du sujet et de l'objet, puisque dans la subsomption du contenu empirique sous les schèmes se maintient le hiatus entre contenu spontané (schèmes) et contenu reçu informe (sensations). L'imagination kantienne offrait pourtant le moyen de dépasser le dualisme dans la mesure où elle est à la fois spontanéité et réceptivité, à la fois concept et intuition, « intuition conçue et concevante »[2]. L'imagination productrice de schèmes illustrait l'identité originaire des opposés, du contenu intuitif et

2. *Phénoménologie de l'esprit*, *Sämtliche Werke*, 10 t., nouv. éd. H. Glockner (désormais *G*), Stuttgart-Bad Cannstatt, t. I, p. 613 ; trad. Hyppolite, Paris, Aubier, t. II, p. 305.

1. *Foi et savoir*, trad. Méry, p. 210.

du concept, de la nature et de l'esprit, puisqu'elle produisait le concept dans l'intuition. Mais Kant, au lieu de la saisir comme origine, s'est contenté de la concevoir comme simple intermédiaire entre les deux termes du dualisme, « entre un sujet absolu existant et un monde absolu existant »[1].

Concevoir l'imagination comme origine et non comme intermédiaire signifie pour Hegel dépasser l'opposition abstraite établie par l'entendement séparateur entre le sujet et l'objet. L'imagination est l'identité des opposés, du sujet et de l'objet, origine commune de l'esprit et de la nature. Tout dualisme ontologique s'efface dans cette interprétation. Hegel, après Schelling, admet un *a priori* immanent à l'*a posteriori* et non plus extérieur à lui comme chez Kant, un principe spirituel de la nature qui organise de l'intérieur les phénomènes. Hegel assimile ainsi l'imagination productrice bien comprise à l'entendement archétype kantien, qui ne sont pour lui rien d'autre que cette intelligence immanente à la nature.

Hegel reçoit le concept spéculatif de Dieu de la version que Kant en donne dans la *Critique de la faculté de juger*. Kant comme on sait oppose l'un à l'autre l'*intellectus archetypus* et l'*intellectus ectypus*, l'entendement intuitif et l'entendement discursif. Pour l'*intellectus archetypus* la pensée et le réel ne font qu'un. La limite que notre entendement fini doit poser entre le réel et le simple possible a cessé d'exister pour lui, dont la pensée produit le réel[2]. Tel est précisément le point de départ de Hegel, à savoir l'unité de la pensée et du réel pensé. La Logique hégélienne ne connaît plus la rupture qu'éprouve l'entendement fini du fait d'un milieu étranger,

2. *Critique de la faculté de juger*, § 76 et 77.

d'une sensibilité rapportée à l'Autre qu'est la chose en soi. En effet la *Logique* reproduit les pensées créatrices de l'Esprit absolu, autre nom pour l'*intellectus archetypus* kantien. Nous nous trouvons ici en un point où le hiatus entre le donné et le spontané cesse d'exister : nous avons devant nous non plus des objets donnés mais nous assistons à leur naissance même.

L'analyse critique kantienne pouvait seulement établir les principes nécessaires qui règnent sur le progrès de toute connaissance, mais demeurait incapable d'anticiper par la pensée l'extension de la connaissance en tant que réalisation concrète de ces principes. C'est justement cette anticipation que Hegel exige de la philosophie. Il ne suffit pas que la philosophie énonce d'indigentes règles abstraites sur le fonctionnement général de l'esprit. Elle doit bien plutôt saisir en soi le tout de l'« Esprit objectif », c'est-à-dire de l'Esprit tel qu'il se réalise dans ses productions (religion, art, vie éthique, droit, science, État). Il ne suffit donc pas, sauf à demeurer dans un dualisme irréductible, de dégager les conditions générales de l'expérience possible, mais de concevoir l'expérience réelle en tant que dérivée du Principe absolu. Le sens du travail de la raison n'est plus d'établir des principes régulateurs pour l'usage de l'entendement et de son progrès infini. C'est plutôt à l'entendement de se muer en raison afin de saisir maintenant la totalité unifiée de ses productions. La raison ne doit plus être conçue comme un simple devoir être, à la manière de Kant et de Fichte, comme une tâche qui ne peut être jamais achevée pour autant qu'elle demeure confrontée à son autre, la matière ou l'irrationnel. En effet la Raison pour Hegel n'existe que réalisée dans le tout matériel, qui en est le produit ou l'expression. Elle n'est donc pas devoir être mais être : « Elle est essentiellement maintenant. »[1] Reste à comprendre comment Hegel conçoit le mouvement de réalisation de cette Raison. À cet égard, il convient de souligner à nouveau l'apport positif de Kant. C'est en effet dans le chapitre de la *Critique* consacré aux antinomies de la raison pure que s'origine l'interprétation hégélienne de la dialectique.

Kant selon Hegel a le grand mérite d'avoir présenté les antinomies en termes de contradiction dialectique « essentielle et nécessaire »[2]. Les raisonnements qui s'opposent les uns aux autres ou « antinomies » ne tiennent pas à un simple artifice sophistique, à un balancement d'opinions subjectives contraires, mais à une action nécessaire de la raison. « L'idée universelle qu'il [Kant] a placée au fondement des antinomies et à laquelle il a donné valeur, c'est (...) la nécessité de la contradiction qui appartient à la nature des déterminations du penser. »[3] Cependant avec Hegel la contradiction n'est plus une détermination nécessaire du seul penser, mais aussi de la réalité même.

Kant a réduit la portée de sa découverte en faisant de la contradiction une loi pour la pensée seule, une loi dont le monde est exempt quand la pensée est dûment avertie. Hegel au contraire affirme la positivité de ce « néant » qu'est la contradiction, qui n'est autre que le mouvement même par lequel l'Esprit se détermine en se produisant dans ses objets.

1. *Leçons sur la philosophie de l'Histoire*, Introduction, trad. Gibelin, Paris, Vrin, 1967, p. 76-77.

2. *Précis de l'encyclopédie des sciences philosophiques*, trad. Gibelin, Paris, Vrin, 1967, § 48, Rem.

3. *Science de la logique*, trad. Labarrièrre et Jarczyk, Paris, Aubier, 1972-1981, t. I, p. 28.

Loin d'être pur néant, la contradiction est le processus même de la détermination : ce néant « est lui-même un néant *déterminé* et a un *contenu* »[1].

Prenons l'exemple de la troisième antinomie. La thèse affirme que la causalité selon les lois de la nature n'est pas la seule, et qu'il est nécessaire d'admettre une causalité libre. L'antithèse énonce au contraire qu'il n'y a pas de liberté, mais que tout arrive dans le monde suivant les lois de la nature. On ne voit là qu'une pure contradiction ou opposition définitive entre les thèses tant qu'on reste prisonnier de l'entendement qui ne sait qu'opposer deux formes de causalité faute de saisir comment elles se concilient.

Hegel nous montre que la causalité est « un moteur qui se meut lui-même et en même temps une réalité conditionnée par un *aliquid* »[2]. En d'autres termes la cause peut être envisagée *en même temps* comme libre, « moteur qui se meut lui-même », et déterminée, « conditionnée par un *aliquid* ». Chacun des adversaires, dans l'antinomie, s'en tient à l'un des aspects de la causalité, sans vouloir considérer l'autre aspect, ou bien en considérant cet autre aspect comme exclusif du premier. L'opposition que l'entendement établit entre les concepts reste une opposition exclusive, une opposition sans relation. Au contraire, l'unité des contradictoires que pose la raison spéculative, c'est l'unité qui supprime des contradictoires ce qu'ils ont d'exclusif, pour en faire les moments d'une synthèse réelle[3]. La synthèse entre les deux aspects de la cause (1 / comme libre ; 2 / comme déter-

1. *Phénoménologie*, *G*, t. II, p. 73 ; trad. citée, t. I, p. 71.

2. *Propédeutique philosophique*, trad. M. de Gandillac, Paris, Éd. de Minuit, § 83.

3. *Précis de l'encyclopédie*, trad. citée, § 119.

minée) est la suivante : « La véritable solution de cette Antinomie réside dans l'action et la réaction réciproques. »[1]

La notion d'action et de réaction réciproques concilie les deux sens de la causalité que l'entendement tenait séparés : l'effet ou le résultat d'un processus est déterminé par les causes qui précèdent, mais en même temps il est, à titre de finalité ou de but du processus, la cause des causes qui le déterminent, et il apparaît ainsi, en tant qu'être par soi, comme liberté. Dit autrement : l'effet est à la fois produit par une série causale et producteur de cette série. Le résultat ou l'effet est libre au sens où il détermine librement, à titre de fin, le processus qui conduit à lui, et il est en même temps déterminé par « un *aliquid* » pour entrer dans l'effectivité, c'est-à-dire par le processus lui-même. À la place du principe du tiers exclu qui est le principe de l'entendement séparateur, Hegel nous fait comprendre qu'il n'y a rien au monde à quoi puisse s'appliquer l'exigence de disjonction prononcée par l'entendement abstrait : ou A ou non-A. Tout être concret est construit par la différence ou l'opposition, comme l'illustre l'exemple cité.

De là, écrit Hegel, « on peut conclure combien il est absurde de considérer la liberté et la nécessité comme s'excluant l'un l'autre »[2]. Dans l'interaction nous saisissons pleinement l'unité de la nécessité et de la liberté : l'effet est à la fois *nécessaire* puisque déterminé par les causes qui précèdent, mais *libre* puisque c'est lui qui de lui-même oriente l'agencement des causes, comme cela a lieu dans l'organisme vivant où l'effet (le tout) détermine l'organisation des parties en même temps qu'il est constitué et déterminé par elles.

1. *Propédeutique*, trad. citée, § 84.
2. *Précis de l'encyclopédie*, § 158.

Telle est l'essence de la dialectique, comme mouvement à la fois de l'être et de la pensée. On présente parfois schématiquement la dialectique hégélienne comme le processus suivant : thèse, antithèse, synthèse, supposant que la synthèse serait, vis-à-vis de la thèse et de l'antithèse, comme un produit qui serait déjà donné dans ses facteurs. Or, il faut comprendre que c'est la vérité propre à la synthèse qui cause la position de la thèse, de l'antithèse, et de leur rapport. La synthèse est à la fois produite et productrice. Elle est la raison des moments qu'elle se subordonne et qui ne jouent par rapport à elle que le rôle de matériaux. C'est dans la *Critique de la faculté de juger* que l'on trouve le modèle de cette conception téléologique de la synthèse, que Hegel reprend à son compte : le supérieur, le complexe (organique chez Kant) est la raison de l'inférieur, des parties simples qu'il se subordonne. Hegel étend ce modèle à la totalité du réel, en faisant de la finalité, contrairement à Kant, un principe *constitutif*. Ainsi par exemple l'Histoire est le processus par lequel la Raison se sert des passions humaines, qu'elle se subordonne, pour s'accomplir dans sa vérité. La fin de la Raison apparaît ainsi comme la raison des moments par lesquels elle se réalise.

La possibilité d'un entendement archetype et d'une connaissance où le mécanisme et la téléologie ne font qu'un est précisément le type même de la connaissance dialectique que nous venons de décrire à travers la réinterprétation hégélienne de la troisième antinomie de la raison pure. La dialectique constitue une avancée décisive par rapport au premier moment de la philosophie hégélienne, encore marqué par l'intuition intellectuelle héritée de Fichte et de Schelling. La *Phénoménologie de l'esprit* consomme la rupture définitive avec l'intuition intellectuelle, dont le défaut est de maintenir le dualisme hérité de Kant. En effet, tant qu'on considère l'Absolu comme un être fixe séparé, qu'on l'attribue à l'esprit (Fichte) ou à la nature (Schelling), il s'agit encore de l'ancienne conception chosiste du monde, qui conserve l'opposition entre le sujet et l'objet. De fait Fichte ne parvient pas à penser l'unité effective de la forme et de la matière puisque cette unité est indéfiniment différée. Le dernier Schelling quant à lui reconnaît le caractère indéductible de la matière, demeure incapable de déduire rationnellement le passage du monde idéal à celui de la diversité matérielle.

Hegel au contraire de ses prédécesseurs ne présuppose pas la séparation du sujet et de l'objet, de la pensée et de l'être, et ne recourt pas à l'intuition intellectuelle pour reconnaître une primauté à l'un ou l'autre de ces termes, mais revient au point d'unité qui réside en deça de cette séparation. Seulement, on est en droit de se demander comment, *tout en renonçant à l'autorité de l'intuition intellectuelle*, il parvient néanmoins à poser son principe comme unité fondamentale (Dieu, L'Idée, l'Absolu, etc.). Comment répondre dès lors à la réfutation kantienne de la preuve ontologique de l'existence de Dieu, qui restreint tout jugement concernant l'effectivité aux limites de l'intuition de type sensible ?

Si Kant estime qu'on ne peut passer de l'essence de Dieu comme être parfait à son existence, c'est qu'il n'a pas reconnu la spécificité de l'idée de Dieu, radicalement distincte des idées des choses finies. C'est en effet pour le seul cas d'un étant fini, écrit Hegel, « que son être-là *(Dasein)* est différent de son concept »[1]. Hegel est ici fidèle à Descartes qui, distin-

1. *Précis de l'encyclopédie*, § 51.

guant l'idée de Dieu de celle des étants finis, dont l'essence n'implique pas l'existence, écrivait dans la *Cinquième Méditation* : « ... je ne saurais concevoir autre chose que Dieu seul, à l'essence de laquelle l'existence appartienne avec nécessité. » Ne respectant pas cette distinction énoncée par Descartes, Kant se met hors d'état de comprendre la nécessité analytique de l'existence de l'Infini. Le présupposé kantien, selon lequel « l'existence ne pourrait pas être dérivée du concept et tirée de lui par analyse » *(ibid.),* ne convient qu'à la seule pensée du fini, dans laquelle Kant a le tort de se complaire.

Hegel souligne que si à l'intérieur de la pensée finie le concept est toujours différent de l'existence, la pensée infinie en revanche se déploie au sein de leur identité. Ce sont les modalités de cette pensée infinie que Hegel se propose d'exposer dans la *Science de la Logique*. Il rétablit la preuve ontologique dans le *Livre de l'Être*, qui expose le passage dialectique du concept d'infini à l'être-là *(Dasein)*. Le concept d'infini se donne dans sa pauvreté initiale d'indéfini, d'indétermination qualitative, en un mot, comme l'être identique au néant : c'est le terme « dépourvu de détermination qu'est l'absolu vide ». La vérité de cet être est le devenir, comme négation de l'indétermination, donc comme processus de détermination entrant dans l'effectivité et la finité. Que l'être infini existe nécessairement, cela veut dire que l'infini comme indéfini se nie lui-même et que, du néant nié, surgit quelque chose qui est là, défini.

Dans la sphère de l'essence, la preuve ontologique s'exprime comme suit : l'essence apparaît nécessairement dans son autre, à savoir l'effectivité, car elle n'est pas sans lui. L'extériorité, l'effectivité est nécessaire à l'essence, de même qu'elle est nécessaire à l'infini. Livré à lui-même ou identique à soi l'essence, comme l'infini, resterait une pure abstraction sans fond, sans contenu, ce qui motive son autonégation en être fini. On n'a plus comme avec Schelling deux mondes, le monde idéal des essences d'une part, celui des existants d'autre part, qui coexisteraient sans que l'on saisisse le passage de l'un à l'autre. Au problème insoluble : comment passer de l'essence à l'existence, pris comme deux mondes séparés, Hegel répond qu'il appartient nécessairement à l'essence d'être passée dans l'existence.

Tandis que Kant se maintenait dans l'écart entre l'essence de la chose (telle qu'elle est en soi) et son apparaître, Hegel soutient que le phénomène est l'apparition de l'essence en soi telle qu'elle est en vérité : « L'essence n'est pas derrière l'apparition ou au-delà d'elle. »[1] La chose en soi se ramène ainsi pour Hegel non pas à l'Autre absolu de la connaissance, mais désigne la première catégorie du système. C'est un autre nom pour l'infini comme néant de détermination, qui n'existe qu'à la faveur de sa négation, c'est-à-dire de son entrée dans la détermination, dans l'apparaître effectif.

Contrairement à Kant qui partait des différentes formes logiques en usage pour dégager sa table des catégories, catégories *de l'entendement* et non de l'être, Hegel prétend suivre le processus à la fois logique et ontologique par lequel s'opère le passage de la catégorie la plus immédiate, la plus pauvre (celle de l'être comme indéfini) aux catégories les plus riches, les plus complètes, avant d'aboutir à celle qui est en parfaite unité avec elle-même, l'absolue conscience de soi dans laquelle toutes les catégories successivement dépassées se retrouvent comme moments idéaux. Hegel saisit donc la

1. *Précis de l'encyclopédie*, § 131.

pensée et l'être comme un même processus dialectique permettant de dépasser les oppositions héritées de Kant et jusqu'alors non résolues par la philosophie.

La dialectique conduit Hegel à dépasser les séparations kantiennes également dans le domaine pratique, en établissant un rapport génétique ou généalogique entre les « moments » séparés par Kant. Hegel reconnaît dans le principe kantien de l'autonomie de la volonté le point de départ de la philosophie pratique. Le concept d'autonomie unit deux aspects de la liberté que Hegel cherche à concilier : à la fois l'obéissance à soi (à l'essence du moi comme loi) et l'indépendance (le moi ne dépend pas d'une loi étrangère). *Le grief de Hegel porte sur la séparation kantienne entre la forme de la volonté et son contenu.* La liberté kantienne reste formelle car elle est volonté d'autonomie en dehors de tout contenu objectif. Dans la mesure où la volonté ne peut vouloir que la seule forme d'universalité de la loi, elle ne peut déterminer un contenu concret et particulier.

Certes Hegel sait que Kant n'est pas indifférent à la matière, c'est-à-dire à l'application concrète de la loi[1]. Mais le problème est que les fins particulières ne sont précisément pas posées par la raison elle-même : l'impératif catégorique n'a qu'une puissance négative à l'égard de la matérialité des fins. Il sert à écarter certaines fins matérielles mais ne peut en poser. Les fins que la volonté raisonnable accepte ne sont pas posées par elle, et en outre elle n'en accepte que la forme, c'est-à-dire l'universalité abstraite.

1. Kant écrit : « Il n'est pas d'action libre possible sans que l'agent ne vise en même temps une fin (comme matière du libre arbitre) » (*Doctrine de la vertu*, Introduction, § VI, A VI, 389).

Hegel dépasse la séparation kantienne entre la volonté libre comme pure formalité et le contenu concret du droit et de l'histoire. Tandis que Kant part de la bonne volonté de la conscience morale pour remonter aux conditions de son exercice, la dialectique part du commencement, c'est-à-dire de l'expérience première du désir. On retrouve ici une progression de type fichtéen, celle de *l'Initiation à la vie bienheureuse* : l'expérience la plus simple et la plus commune de la conscience de soi, le désir, dévoile progressivement sa véritable finalité.

Ce désir cherche à se satisfaire à travers « le mouvement de la reconnaissance »[1]. La dialectique substitue à la volonté kantienne d'autonomie le désir de reconnaissance réciproque des désirs, de même qu'elle substitue la reconnaissance effective du désir dans l'État à l'autonomie idéale de la volonté dans le règne des fins. Toutes proportions gardées, la démarche hégélienne n'est pas sans analogie avec celle qu'adoptera Nietzsche : elle consiste à retracer la genèse de ce que Kant prend pour un point de départ (les lois dites *de* la raison), et à situer ce prétendu point de départ dans un mouvement plus général, qui l'intègre en même temps qu'il le dépasse.

Ainsi la morale de l'autonomie n'est-elle pour Hegel qu'une figure tardive du désir. C'est une figure oublieuse de ses origines, au sens où Nietzsche parlera du manque de sens historique des philosophes. Hegel situe cette figure comme un moment certes essentiel mais provisoire de la dialectique phénoménologique. Conformément à sa démarche dialectique, Hegel comprend la règle de la volonté *à partir de* la

1. *Phénoménologie de l'esprit*, *G*, II, 148.

finalité véritable du désir (la conciliation de l'intérêt particulier et de l'intérêt général au sein de l'État), donc comme une simple étape. Il renverse ainsi complètement la démarche de Kant qui elle va de la règle de la volonté, prise comme point de départ, au souverain bien comme fin.

Cette inversion dans la démarche permet d'expliquer l'ensemble des critiques hégéliennes. Chez Kant le concept du devoir moral est le principe d'appréciation du droit et de l'histoire. C'est la morale qui fonde la doctrine du droit, laquelle à son tour fonde une lecture juridique de l'histoire : l'idée d'une « société civile, administrant le droit de façon universelle »[1], joue un rôle *régulateur* pour la raison philosophique. À l'inverse chez Hegel la fin ou l'Idée n'est plus régulatrice mais *constitutive* du processus qui tend vers elle : la forme finale, pourrait-on dire, intervient dans l'élaboration même de ses conditions de réalisation. Ainsi la liberté est-elle à la fois au terme et au départ du processus. La « volonté libre voulant la volonté libre »[2] fonde la possibilité du droit, condition de la « reconnaissance mutuelle », à l'intérieur duquel la moralité puis l'histoire s'inscrivent comme les moments de réalisation de la liberté objective.

La philosophie hégélienne a pu un temps apparaître comme la réponse la plus achevée aux difficultés soulevées par les séparations kantiennes, puisqu'elle se présentait comme la seule philosophie capable de manifester la *genèse commune* de la forme et de la matière.

1. *Idée pour une histoire universelle d'un point de vue cosmopolite*, *Cinquième proposition*, A VIII, 22.
2. *Ph. du droit*, § 27 ; *G*, VII, 171.

Kant lu par les néo-kantiens

La première phase du néo-kantisme débute en Allemagne dans les années 1860. Ce nouveau courant de pensée se développe sur les ruines de la philosophie hégélienne. Pour Hegel la philosophie formait un système total, qui devait s'effondrer si un moment du système se brisait. Or, la philosophie hégélienne de la nature, dominée par un antimathématisme vigoureux, se trouvait en contradiction avec les acquis du savoir scientifique, d'inspiration newtonienne. La critique hégélienne (mais également schopenhauerienne) de la mathématique et des sciences exactes fut jugée insoutenable. L'effondrement du hégélianisme comme prétention à constituer la Science de la totalité conduisit à une mise en question du statut de la philosophie et de sa prétention à la vérité.

Hermann Cohen, le fondateur de l'école de Marbourg, s'attache à redéfinir la philosophie, avec Kant, comme une théorie des conditions de possibilité de la connaissance scientifique, avant de s'attacher à reconstruire un système de la philosophie inspiré des thèses et de la méthode kantiennes. Les thèses de Kant fournissent aux grands penseurs de l'école de Marbourg (Cohen, Natorp, Cassirer) les moyens de répondre aux nouvelles questions liées à la reconstruction de la philosophie comme théorie de la connaissance d'abord, comme système transcendantal ensuite. Le problème du dualisme de la matière et de la forme se pose à nouveaux frais, une fois rejetées les solutions métaphysiques fournies par les grandes philosophies postkantiennes.

Cohen

La philosophie a pour tâche non plus de constituer le système de la Science mais celle, plus modeste, de *fonder les sciences de la nature*. Les *facta* de la science ne sont valides que dans la mesure où il est possible de les créditer dans des jugements exacts et sûrs, dont la philosophie a précisément pour rôle de déterminer la sûreté. Parvenir à une telle sûreté n'est possible que si les jugements naturels particuliers sont ancrés dans les jugements universels fondamentaux des mathématiques. Ainsi est-ce en fonction de la science mathématique de la nature que l'interrogation doit tout d'abord s'orienter. Kant devient l'allié indispensable de la nouvelle tâche de la philosophie pour autant que la *Critique* est susceptible d'être lue comme une théorie de la science physico-mathématique.

Le projet de Cohen est donc, dans un premier temps, de constituer la philosophie non plus comme une discipline du même type que les sciences exactes, mais comme critique de la science physico-mathématique. Sa fonction n'est pas de produire « la science des objets de la nature », mais d'enseigner « à éviter l'erreur »[1]. La philosophie change de statut puisqu'elle ne prétend plus produire ou déduire comme le

1. *Kant's Theorie der Erfahrung* (désormais *KTE*), 2e éd. (1873), p. 577.

voulait Hegel les objets de la nature. Elle s'attache à contrôler la vérité du discours scientifique, assumant un rôle de *Censur* et de fondation de ce discours.

Seulement une première difficulté apparaît. Est-il légitime de lire la *Critique* comme une entreprise de fondation de la science en sa vérité ? Que signifie la vérité ? Kant n'a-t-il pas ruiné la prétention à connaître les objets dans leur vérité en montrant que toute connaissance humaine était subjective, c'est-à-dire relative à la constitution mentale du sujet connaissant, autorisant ainsi un Schopenhauer à qualifier la connaissance phénoménale d'illusoire, de « voile de Maya » ?

Contre cette interprétation, Cohen souligne que Kant ne conçoit pas les formes de la connaissance comme des déterminations ontiques de la *mens*. Même s'il parle de « catégories de l'entendement », il ne faut pas comprendre par là que les catégories appartiennent à la nature de l'entendement – l'esprit ne pouvant faire l'objet d'aucun savoir dogmatique –, mais seulement que celui-ci s'en sert comme méthodes nécessaires pour constituer l'expérience. Cohen écrit à propos de l'*a priori* comme condition de l'expérience qu'il n'est pas un « élément de la conscience, *Element des Bewusstsein* », mais un « élément de la connaissance, *Element der Erkenntnis* » (*KTE*, 584), bref une méthode ou un moyen de connaissance plutôt qu'une détermination du sujet connaissant : « L'espace et le temps de même que les catégories doivent être compris comme des méthodes, non pas comme des formes de l'esprit » *(ibid.)*.

Cohen lit ainsi la théorie kantienne de l'expérience comme la théorie des principes et des méthodes fondant le savoir physico-mathématique systématique, c'est-à-dire impliqués dans toute connaissance scientifique, ce qu'il nomme les

« facteurs constants » de toute connaissance scientifique (*KTE*, 96). Cohen entend montrer que les principes et méthodes fondamentaux de l'esprit humain sont peu nombreux et qu'on peut les unifier dans un tout systématique. Seulement on peut encore se demander si ce programme satisfait à l'exigence de fonder dans sa vérité la science de la nature. En effet les principes qui rendent possible l'expérience (les analogies de l'expérience) ne nous font pas connaître les choses naturelles en elles-mêmes. Cohen écarte l'objection en rappelant qu'en toute rigueur les choses en soi ne sont rien pour nous, pour autant qu'elles sont soustraites à l'intuition. Ce qui est en jeu pour la philosophie c'est donc le fondement de la connaissance *objective*, non chosale.

Contrairement au physicien auquel incombe la tâche inépuisable d'entrer dans le détail de chaque objet, le philosophe s'attache pour sa part à systématiser des conditions fondamentales impliquées dans toute connaissance scientifique. Ce projet de systématisation incite Cohen à une relecture critique de la première *Critique*, puisque Kant selon lui n'a fait que juxtaposer, sans les unifier, les conditions de la connaissance scientifique, avec d'un côté l'*Esthétique*, de l'autre la *Logique transcendantale*. Ce qui fait problème dans cette juxtaposition selon Cohen, c'est qu'elle inflige une humiliation à la pensée qui trouve hors d'elle-même certains de ses principes (l'espace, le temps, le donné sensible).

Cohen retrouve ici le fameux dualisme de la matière et de la forme, dualisme qui ne cesse de provoquer la pensée en la soumettant à ce que Hegel appelait « son Autre », l'irrationnel ou le donné, bref, ce qu'elle ne produit pas d'elle-même. Comment entendre l'irrationalité du donné sensible ? Est-ce à dire que l'on est incapable d'en rendre raison, faute de pouvoir répondre à la question de son origine ? Pour Cohen on ne peut pas répondre à cette question parce qu'on ne le doit pas. Le problème de l'origine de la matière et de la forme ou encore de l'unité ontologique du dualisme forme/matière est un faux problème, un problème non critique pour autant qu'il déborde le cadre de l'expérience possible. Cohen, à l'encontre des métaphysiciens allemands, part de l'unité que constitue le fait scientifique lui-même, pour remonter à ses conditions : « La méthode transcendantale (...) ne part pas d'un quelconque Absolu mais de l'expérience », c'est-à-dire, suivant le sens que Cohen confère à ce terme, « du fait de la physique mathématique comme quelque chose de tout à fait contingent ». C'est dans ce point de départ que s'avoue « l'humilité de philosophie critique, sa ferveur pour la vérité scientifique et sa compréhension de ses limites » (*KTE,* 527). En effet la question de l'origine est celle qui porte sur la chose en soi. Or la philosophie, s'attachant à définir les conditions d'accès à l'objet, en finit précisément avec les interrogations sur la chose en soi ontologiquement comprise.

Conjurer l'irrationalité du donné ne signifie donc pas pour Cohen répondre aux questions non critiques de sa provenance ou encore de son pourquoi, qui renvoient à la théologie rationnelle, donc à la métaphysique dogmatique. Cela signifie dénoncer l'illusion d'une soumission, d'une subordination humiliante de la pensée à son autre, au « donné » sensible. C'est cette prétendue situation humiliante de la pensée, née d'une lecture incorrecte du criticisme, qui est précisément à l'origine des métaphysiques de l'origine, soucieuses de déduire la matière de la pensée. Il ne faut pas croire en effet avec Hegel que le donné possède chez Kant une effectivité indépendamment de son rapport à la pensée, et qu'il lui fait face comme son autre. Bien comprise, la *Critique* ne dit pas que la pensée est sous la dépendance de la matière ou de l'être donné préexistant. Il ne faut pas s'en tenir au début de l'*Esthétique* où Kant n'a pas encore déployé sa nouvelle perspective critique, mais comprendre avec Kant, qui fait de l'existence une catégorie de la pensée (une catégorie de la modalité), qu'il n'y a de position d'être que par la spontanéité de la pensée. Telle est la thèse kantienne que Cohen exploite à fond pour contester la prétendue soumission de la pensée à l'égard de l'intuition, issue d'une mauvaise lecture, d'une lecture incomplète (privilégiant le début de l'*Esthétique*) de la *Critique*.

« Je commence avec la pensée », proclame Cohen. Cela signifie qu'il ne faut pas entendre le donné comme une diversité effective, que l'entendement, assujetti aux formes données de l'intuition, aurait uniquement à ordonner, à relier et à reconnaître après coup. C'est par la pensée que le donné accède à l'effectivité, c'est elle et elle seule qui, conformément aux conditions de l'expérience, le pose dans l'être en lui attribuant la première des catégories de la modalité, à savoir l'effectivité. En d'autres termes, les choses ne nous sont données qu'à titre de contenus d'une expérience possible, non encore *effective*. L'expérience, contrairement à ce que croyait l'empirisme, ne se réduit jamais au matériau des perceptions particulières, mais inclut nécessairement la relation à certains principes formels d'articulation. Pour parvenir à la valeur d'une réalité objective, d'une effectivité, les phénomènes doivent se subordonner à des lois nécessaires et universelles, exprimer ces lois comme étant leurs cas particuliers. Ils représentent le contenu qui satisfait aux réquisits des principes synthétiques et, dans cette mesure seulement, ils ont part à l'être.

Dans la *Logik der reinen Erkenntnis*, Cohen développe les conséquences de cette lecture de Kant. Désormais, les « réalités » de la science de la nature n'ont plus à être le *commencement* évident et indiscutable de la critique de la connaissance. Face aux progrès de l'analyse, elles se révèlent elles-mêmes être des constructions idéales : des contenus, dont la détermination repose sur la teneur logique qu'elles recèlent. Matière et mouvement, force et masse sont ainsi conçus comme des *instruments* parmi d'autres de la constitution de l'objet de l'expérience. Dans son essai de 1883 *Das Prinzip der infinitesimalen Methode,* Cohen donne à la pensée sa primauté sur le donné, en montrant que sans la méthode infinitésimale, il ne serait pas possible ne serait-ce que de décrire avec précision le concept de mouvement tel que la physique le présuppose, et encore moins de maîtriser conceptuellement les lois du mouvement. Par cette méthode en outre, comme l'indiquait le chapitre de la *Critique* consacré aux « Anticipations de la perception », toute sensation peut être anticipée comme mesurable (donc pensable) de zéro à l'infini selon son degré d'intensité.

Nous ne saurions voir dans l'objet donné à la sensation une donnée *immédiate* de la conscience. Le réel que nous visons comme objet de la sensation ne peut être reconnu comme effectif que dans le principe de la grandeur intensive qui assure son appartenance aux conditions de l'expérience possible. Le principe de la grandeur intensive détermine l'ordre de l'apparition successive des phénomènes et cette apparition successive est possible en tant que sensation. Loin donc que la sensation soit ce pur irrationnel qui nous affecte, elle s'intègre à un principe transcendantal de la connaissance, par lequel nous conférons la réalité extérieure à l'objet en assistant à sa production infinitésimale. Par la grandeur intensive la sensation est intégrée à l'*a priori* et reçoit la faculté d'objectiver la qualité qu'elle révèle. Par exemple qu'est-ce qui nous permet, dans une sensation, d'attribuer une objectivité à ces qualités que sont la vitesse et l'accélération de la chute ? Rien d'autre que la faculté de synthétiser le divers de la sensation dans le principe de la grandeur intensive. Ce principe est donc ce qui confère à la sensation elle-même un sens transcendantal, rendant possible originairement une connaissance *a priori* de l'objet : « L'intensité n'est pas un mode d'ébranlement de la conscience, mais une indication originaire pour l'objectivité de l'objet » (*KTE*, 438).

Le primat de l'*a priori* sur le donné constitue le thème central du système de philosophie élaboré par Cohen. Une totale homogénéité règne entre les trois orientations fondamentales de la conscience : on ne tombe pas d'emblée sur le monde de l'existence empirique, spatio-temporelle, ni sur le monde de la valeur morale, ni non plus sur celui de l'art, comme s'ils étaient déjà là : ils reposent sur des principes d'organisation que la conscience découvre et dont elle révèle la validité. C'est également à partir du principe de l'originarité, de la spontanéité de l'esprit que s'édifie l'éthique de Cohen. Celle-ci se présente comme la réalisation de cette idée de la pure autodétermination. De même que dans la théorie de la connaissance la pensée produit la légalité à partir de son propre fondement avant de la transmettre à tout étant donné, de même la volonté pure soumet-elle le sensible à sa légalité. Elle ordonne d'une part de diriger les impulsions sensibles vers un but et de les placer sous l'impératif commun du devoir, d'autre part elle s'attache à fonder le *factum* de l'éthique (la science du droit et les sciences de l'esprit) sur le vouloir pur.

Il convient cette fois-ci de partir du *factum* des sciences de l'esprit (et non plus des sciences de la nature) pour définir les principes moraux purs qui fondent leur valeur. L'erreur de Kant selon Cohen fut de rattacher le vouloir pur à une psychologie du sens moral, à travers l'idée de respect pour la loi, et de méconnaître la science du droit dans ses différentes formes, dont il s'agit précisément de fonder la validité[1]. Cohen exploite en revanche l'idée kantienne de communauté, mais pour substituer au règne des fins la recherche d'un ordre politique susceptible d'accomplir la communauté éthique. Selon notre auteur, en effet, on peut difficilement s'interdire de penser que l'idée d'un règne des fins n'est qu'un reflet du *regnum gratiae* de Leibniz (*EW*, p. 395). Or, il est insatisfaisant de penser que l'éthique n'est pas pour ce monde qui ne serait que folie, parce qu'on se prive alors d'une réflexion sur la mise en place d'une liberté effective.

Qu'est-ce que la liberté ? Cohen s'oppose à l'interprétation schopenhauerienne de la liberté kantienne, selon laquelle la liberté consisterait en une cause intelligible de l'action morale. La liberté selon Cohen n'est pas le fond mystérieux d'où l'action morale tient son origine, mais le contenu déterminant le but auquel elle tend. Sujets moraux, nous agissons non *à partir de* la liberté, mais *en vue de* la liberté. L'idée kantienne d'autonomie est interprétée comme autotélie : seule est moralement autonome et *valide* l'action qui tend à réaliser une communauté au sein de laquelle l'individu singulier est toujours également une fin, et jamais simple-

1. *Ethik des reinen Willens* (désormais *E W*), Marbourg, 1904, 2e éd., 1907, p. 67.

ment un moyen. L'idée d'une telle communauté est le régulateur indispensable à l'action.

La liberté n'en demeure pas moins un concept intelligible, au sens où elle ne se réduit pas à un quelconque donné, mais conserve strictement le caractère d'une tâche à accomplir. En donnant à l'individu, à titre de fil conducteur, l'idée de la communauté idéale des fins, ce dernier devient libre au sein de cette idée en se détachant des liens empiriques contingents. Ainsi la liberté n'est-elle pas prise pour un noumène, déjà présent effectivement. Elle constitue elle-même, en tant que concept corrélatif de la loi éthique, une exigence qui dépasse toutes les fins particulières empiriques et déterminées. Avec Cohen l'idée d'un règne des fins devient la maxime d'après laquelle l'ordre de la nature doit s'orienter, et que les sujets doivent accomplir au sein de la temporalité même. Cohen vise « la réalisation concrète de l'idéal » (*EW*, p. 406). Contrairement à Kant, il refuse d'admettre l'immortalité de l'âme, même à titre de postulat : « Je ne veux pas le savoir, parce que je ne dois pas le savoir » (*EW*, p. 415). La seule chose que je dois savoir, c'est le sens du devoir, qui est d'instaurer *ici-bas* le règne éthique, sans se contenter de l'espérer et de l'attendre dans l'au-delà.

Cette analyse s'articule correctement avec la *Religion de la raison*, ouvrage dans lequel Cohen élabore une pensée religieuse qui ne concurrence pas l'éthique pure mais se *subordonne* à elle[1]. Le monothéisme obéit à l'orientation fondamen-

1. Selon Cohen, Kant n'a pas su conférer à l'éthique sa vraie dimension, puisqu'il ne l'a pas suffisamment liée au droit et à l'État comme conditions de son effectuation. Le reflux de la morale vers la religion dans *La religion dans les limites de la simple raison* est interprété par Cohen comme un danger pour la moralité concrète.

tale de toute la philosophie de Cohen, puisqu'il affirme le primat du spirituel sur le donné sensible. Lorsque Moïse demande à Dieu de quel nom il devrait le désigner à son peuple si ce dernier l'interrogeait, Dieu lui répond : « Je suis qui je suis [en hébreu *ehjeh ascher ehjeh*]. Dis-leur : "Je suis" m'a envoyé à vous. » Dans le monothéisme pur, il n'y a plus de désignation de Dieu qui soit tirée des objets matériels et de leurs propriétés. On ne peut le comprendre qu'à partir du sujet, à partir du « Je suis ». Et cette subjectivité n'est pas la subjectivité purement psychologique de l'existence, mais la subjectivité morale de la volonté pure. La réponse de Dieu à Moïse signifie encore que n'a d'être véritable que ce qui possède une durée véritable. Sans nier l'importance historique du moment de l'apparition de Dieu à travers le buisson, Cohen reprend sous une autre forme l'interprétation de Maïmonide, qui prend le mot *Haja* dans le sens d'être ou d'exister. Selon Cohen *Haja* ne signifie pas l'existence de type empirique, mais l'être saisi par le seul entendement. Il faut donc comprendre : je suis l'Être qui est l'Être, je suis l'Être nécessaire. Cohen transpose la formule en : Je suis l'Être permanent qui ne subit jamais aucun changement. *Ehjeh ascher Ehjeh* signifierait donc « Je serai Celui qui serai », c'est-à-dire la persévérance. Rien de ce qui est sensible n'a de vraie durée, seul la possède le principe spirituel que l'homme partage avec Dieu, et qui relève de l'éternité. Cette éternité est à comprendre pour l'homme comme travail éternel tendu vers l'idéal[1].

1. Contrairement à Kant, l'éternité de la communauté éthique ne désigne pas pour Cohen une communauté intelligible hors du temps. Ce n'est pas un temps éternel ni un lieu éternel, mais la densité du présent saisi comme travail éternel (*EW*, p. 410). La volonté est toujours au travail pour sa liberté, loi de la conscience de soi. L'éternité signifie pour le vouloir pur

Qu'est-ce qui garantit cependant l'éternité de l'effort tendu vers l'idéal ? Selon Cohen la moralité n'a de sens que si elle s'incorpore dans le monde par l'activité transformatrice de l'homme qui, en raison de l'idéalité de la moralité, ne s'arrêtera jamais. Mais encore faut-il que l'humanité ait confiance en la continuation de la terre et de ses habitants. Le pacte de Dieu avec Noé fonde cette confiance : Dieu promet à Noé que la condition physique de la réalisation de l'idéal moral sera toujours maintenue. Dieu signifie donc d'une part le primat ontologique de la force spirituelle, d'autre part l'idée qui vivifie l'espoir messianique en l'avenir. Que Dieu soit, cela signifie : 1 / seul ce qui est au-delà de l'étant sensible, à savoir la spiritualité, possède véritablement l'être ; 2 / ce qui arrive à l'humanité n'est pas sans orientation, mais tend au contraire à une fin suprême, la réalisation de l'idée d'humanité. La paix apportée par le règne du Messie ne signifiera pas la fin du monde et de l'humanité, mais l'avènement d'une ère nouvelle, d'un nouveau monde, d'une nouvelle humanité sur terre. De même que, pour Platon, l'idée du bien était au-delà de l'être et constituait pourtant son sens et son fondement véritables, pour Cohen comme pour les prophètes, la foi en l'idée de Dieu élève au-delà du caractère limité, déterminé et relatif propre à la réalité empirico-historique, en même temps qu'elle donne son but, indéfiniment éloigné certes, à cette réalité.

Cohen complète Kant par la prise en considération des conditions sociopolitiques de l'avènement de l'idéal moral

la conscience de l'éternité ou de l'infinité de sa tâche. Puisqu'il n'y a pas, selon Cohen, d'union mystique avec Dieu, l'homme n'a accès à l'infini qu'à travers l'infinité de sa tâche.

dans l'humanité. Il distingue entre le *Nebenmensch* (l'homme d'à côté, lié à moi par un rapport de voisinage) et le *Mitmensch* (l'homme qui est avec moi, l'autre que moi que je dois traiter comme s'il était moi). Tâcher de transformer le *Nebenmensch* en *Mitmensch* est un idéal universaliste, même si pour sa réalisation nous travaillons d'abord dans un État particulier. Cohen rencontre alors la question sociale, liée aux différences objectives entre les riches et les pauvres. La pitié pour le pauvre désigne pour Cohen une réaction désintéressée, qui ne porte pas atteinte à la pureté de la volonté – en quoi il s'oppose à Kant. Elle n'est pas une passion réflexe qui part de l'homme qui souffre pour revenir sur nous et nous affecter de tristesse. Elle est plutôt le sentiment par lequel le *Nebenmensch* devient pour nous un *Mitmensch* : nous formons avec lui une société fondée sur un échange réciproque de sentiments, qui débouche sur l'aide matérielle ou morale. Le socialisme éthique de Cohen plonge ses sources dans la législation biblique, dans les mesures qu'elle prescrit en faveur de l'égalité des personnes et de l'égalisation des riches et des pauvres. Cohen voit surtout dans l'institution du Sabbat une annonce de l'idéal socialiste. C'est une journée de recueillement et de repos pour tous, pour les esclaves et les servantes aussi bien que pour les riches et les possesseurs. Le Sabbat est le symbole de l'égalité des hommes et des peuples que l'idéal messianique fixe comme but à l'humanité. C'est dans le judaïsme, et en particulier chez les prophètes, que Cohen repère les premiers rudiments d'une conception socialiste de la société, en état de contestation perpétuelle contre les institutions sclérosées.

Il convient de souligner que Cohen, dans son effort pour concilier le judaïsme avec le kantisme, semble s'opposer à

Kant lui-même. Dès lors que la loi est dictée par Dieu à son peuple, on se trouve selon Kant sous le régime de l'hétéronomie de la volonté. Or, pour Cohen, puisque la loi morale est commune à Dieu et à l'homme, il n'y a pas de contradiction entre l'autonomie de la volonté et les exigences de Dieu. La corrélation de l'homme avec Dieu est fondée dans l'esprit, comme raison commune à Dieu et à l'homme. C'est seulement par une méprise sur le judaïsme que Kant est amené à présenter la loi juive comme un ensemble d'observances extérieures à la loi morale faisant l'objet d'une obéissance aveugle. S'il avait connu le judaïsme à partir de ses sources juives, il aurait compris que la loi morale, comme il l'enseigne lui-même, est précisément la source de toutes les ordonnances. Dans la *Torah*, aussi bien que dans la conscience morale du Juif, les lois morales et les observances rituelles sont liées et inséparables. Et Cohen s'oppose nettement à Spinoza qui cherche à séparer les rites, dont le sens serait purement politique, de la parole de Dieu, parole universelle nous prescrivant la justice et la charité. Malgré la différence qui existe entre les deux constituants de la loi juive, l'éthique et le rituel, il n'y a pas de contradiction interne et il est permis de parler de l'unité de la législation divine. Ce qui n'est pas en soi dans ce système une loi morale y est pensé au moins comme moyen en vue de l'avancement de la loi morale et surtout comme un moyen pédagogique nous permettant de nous y initier progressivement.

La réflexion devait finalement se pencher sur l'esthétique comme moment systématique de la philosophie et sur sa légalité propre. Le problème est toujours le même que pour la science et pour l'éthique : quelles sont les conditions *a priori* qui fondent le jugement esthétique et qui permettent de valider le *factum* de l'art ? Il s'agit de saisir le principe spirituel à partir duquel se déploie le *factum* de l'art ainsi que l'expérience esthétique, de définir « une pureté qui ne soit ni théorique, ni éthique » (*EW*, 98). La *Critique de la faculté de juger* ne permet pas selon Cohen de résoudre entièrement cette problématique. En effet Kant fonde le sentiment de plaisir dans le jeu des facultés, l'entendement et l'imagination, c'est-à-dire en partie dans la sensibilité (l'imagination). Or, il convient selon Cohen d'aller plus loin : jusqu'à la pureté absolue qui seule peut valider toute légalité du sentiment esthétique défini comme « sentiment vital »[1]. L'idée kantienne que Cohen développe à fond est celle d'activité, présente dans l'idée de jeu : la conscience esthétique n'est pas passive. Ce n'est pas un donné sensible qui cause le plaisir, mais le mouvement que l'âme engage en elle-même, et par lequel elle s'auto-affecte. L'idée importante est que l'œuvre n'est pas la cause directe du plaisir (il y aurait alors impureté, dépendance de l'esprit à l'égard d'un donné, passivité) mais la cause occasionnelle de l'auto-affection qui consacre une fois de plus la spontanéité de l'esprit. En quoi consiste cette affection de l'esprit par lui-même ? Elle consiste en « le pur sentiment de l'infini que revendique la religion » (*AG*, I, 197). Le sentiment esthétique pur procure à l'esprit la représentation exaltante de l'infini. On retrouve ici la célèbre formule de Kant suivant laquelle l'émeuvent (le mettent en *mouvement*) le ciel étoilé et la loi morale présente au fond du cœur. Le sentiment religieux de la vie de l'esprit et de la divinité comme idéal est en définitive le fondement de la conscience esthétique comme sentiment vital. L'art par

1. *Aesthetik des reinen Gefühls*, 1912 *(AG)*, p. 97.

excellence est celui qui met en branle un tel mouvement de l'esprit, mouvement par lequel celui-ci se sent lui-même à l'occasion de l'œuvre.

La théorie de la connaissance nous a permis de *penser* l'infini. L'esprit est infini au sens ou il n'est limité par rien ; il prend son départ non en un autre mais en lui-même et n'accorde d'être qu'à ce qui s'accorde avec les conditions de l'expérience définies dans la pureté de l'*a priori*. Il est infini aussi par sa tâche infinie, qui consiste à réaliser l'ensemble achevé de la science. L'éthique et la religion nous présentent, nous autres sujets éthiques, comme *voulant* l'infini : nous voulons réaliser ici-bas l'idéal éthique et voulons du même coup la tâche infinie (morale, mais aussi politique, sociale, juridique) qui consiste à construire progressivement les conditions d'effectuation de cet idéal. Enfin nous sentons l'infini par la conscience esthétique, par le sentiment exaltant de cette vie infinie à laquelle nous avons part. Cohen nous donne une bonne vue d'ensemble de son système lorqu'il écrit : « L'infini peut être pensé, mais aussi voulu ; toutefois là où il est senti règne la conscience esthétique » (*AG*, I, 198).

Cassirer

Avec Cassirer le dualisme kantien de la matière et de la forme, loin de constituer un problème pour l'esprit, apporte au contraire, s'il est bien compris, une solution à certains problèmes, en même temps qu'il préserve de la tendance néfaste de la pensée « mythique » consistant à fusionner la matière et la forme l'une dans l'autre, tendance dont l'hitlérisme marquera l'aboutissement. Cassirer saisit la matière et la forme dans un rapport dynamique. Le dualisme apparaît chez lui à la fois comme ce qui rend possible la vie de l'esprit et ce qui lui donne un sens. Tout en reconnaissant que l'esprit donne sens à la matière donnée, Cassirer nous fait voir que la matière elle-même est porteuse de sens, et qu'elle donne sens aux diverses activités de l'esprit. En se réappropriant certaines thèses kantiennes, Cassirer dépasse l'interprétation « problématique » du dualisme kantien, celle qui voit dans le dualisme un problème au lieu d'y voir une solution, c'est-à-dire un rempart contre trois écueils qui menacent la pensée.

Le premier, imputable à Kant et à Hermann Cohen, consiste à considérer la raison comme donnée, et à affirmer le primat radical de l'esprit et de ses formes *a priori* sur la matière. Le second consiste à privilégier la matière des impressions et à faire des formes de l'esprit une suite de la matière (courant empiriste), ou encore, d'un point de vue éthique, à privilégier l'être, ce qui est donné, par rapport au devoir-être, c'est-à-dire aux exigences formelles de la raison pratique (positivisme juridique). Le troisième écueil, qui est de loin le plus dangereux aux yeux de Cassirer, consiste à proposer un dépassement du dualisme dans une fusion de la matière et de la forme, de l'être et du « Concept » (pensée mythique, hégélianisme). Sans prétendre épuiser ici la richesse inestimable de la pensée de Cassirer, nous nous proposons seulement de manifester ces points à partir de quelques exemples.

La matière réévaluée. — Cassirer reproche à Kant une conception trop intellectualiste des données sensorielles. Dans la *Critique*, les données sensorielles sont expressément nommées par Kant matière *(Stoff)*, terme qui fait écho à la *hyle* aristotélicienne : la matière est en attente, en mal de forme pour avoir quelque chose à dire. En elle-même la matière est insignifiante. La forme seule est le *proteron physei*, comme disait Aristote, c'est-à-dire ce par quoi s'accomplit la présence d'un contenu signifiant[1]. Cassirer en revanche, ainsi qu'en atteste son épistémologie de la science physique, redonne une positivité et une autonomie à la matière. Mais avant de montrer ce qui le conduit à prendre ses distances à l'égard du criticisme, il convient de rappeler comment notre auteur se rattache à Kant.

Le thème de l'imagination productrice, médiatrice entre le sujet et le monde, apparaît comme l'apport le plus précieux de la pensée kantienne à la philosophie de Cassirer[2]. La grande leçon de Kant est que l'homme n'est pas Dieu, que l'*intuitus derivativus* ou l'*intellectus ectypus*, selon qu'on l'aborde comme sensibilité ou comme intellect, ne peut avoir un accès direct à l'être. Pour accéder à l'être, il lui faut créer des fictions signifiantes, les schèmes (dans le domaine de la connaissance) ou les symboles (dans le domaine de l'art), que Kant définit chaque fois comme des produits de l'imagination. Tout rapport à l'être est *construit* et non donné, de sorte que ce que l'homme sait de l'être reste toujours une vision humaine de l'être, non de ce qu'il est en

1. *Philosophie der symbolischen Formen (PSF)*, 1923, 1925, 1929, 7e éd., 1977, t. III, p. 198-199.

2. Lors du débat de Davos Cassirer dira en effet à propos de son travail sur le symbolique : « On ne peut résoudre ce dernier problème [celui du rapport de l'homme au monde] sans le ramener à la faculté de l'imagination productrice », définie par Kant comme « la relation de toute pensée à l'intuition » (*Débat sur le kantisme et la philosophie et autres textes de 1929-1931*, présentés par P. Aubenque, traduits par P. Aubenque, J.-M. Fataud, P. Quillet, Paris, Beauchesne, 1972, p. 30).

soi. C'est l'homme qui fait l'être et non l'être qui fait l'homme. Faisant l'être par le biais de son imagination symbolisante, l'homme crée le monde humain de la culture, sans se perdre dans les considérations sur le mystère de l'être. En s'éloignant de l'être, en faisant un détour par le langage, la culture, l'homme paradoxalement se rapproche de l'être en le comprenant, en se l'appropriant au moyen de symboles inventés.

Cependant Cassirer se sépare de Kant qui limite l'activité de l'imagination à la production de quelques schèmes d'apparence définitive. Cassirer, contrairement à Kant, prend en compte l'évolution de la science, et assigne à la philosophie de « mettre sans cesse en relief, dans un complexe historique concret de concepts et de principes scientifiques déterminés, les fonctions logiques générales de la connaissance »[1]. L'histoire des sciences fournit le matériau d'où l'analyse critique s'efforce de dégager les articulations systématiques immanentes aux différentes phases des savoirs constitués ainsi que les présuppositions nécessaires à leur mise en place. Comme le fait justement observer J. Seidengart, cette double perspective à la fois historique et systématique « rompt radicalement avec la conception fixiste des catégories à laquelle Kant était resté profondément attaché dans toute son œuvre critique »[2]. Cassirer ne se propose ni de décrire les principaux acquis successifs de la connaissance

1. *Das Erkenntnisproblem*, I, Berlin, 1906 ; 2e éd., Berlin, 1922, *Einleitung*, p. 14.

2. Jean Seidengart, « Théorie de la connaissance et épistémologie de la physique selon Cassirer », in *Ernst Cassirer. De Marbourg à New York*, Actes du Colloque de Nanterre, 12-14 octobre 1988, édités sous la direction de Jean Seidengart, Éd. du Cerf, coll. « Passages », Paris, 1990, p. 162.

scientifique, ni de lui assigner les normes idéales sur lesquelles elles devraient se régler, mais de dégager la tendance générale qui caractérise la vie de la connaissance scientifique. Cette tendance générale, qui s'inscrit dans le cadre de la révolution copernicienne kantienne, est explicitée dans *Substance et fonction*[1].

Le thème kantien de l'imagination productrice de schèmes prend chez notre auteur la tonalité suivante. Cassirer englobe sous le nom d'*Abbildtheorie* toutes les conceptions qui considèrent que la connaissance se règle passivement sur l'objet comme un simple duplicata. À l'opposé de cette théorie naïve de la vérité copie, on a chez Kant l'idée que la pensée commence par congédier le monde des impressions sensibles avant de constituer, via l'imagination productrice (dégagée de sa dépendance à l'égard des impressions), ses propres schèmes conceptuels. Toutefois Cassirer substitue au schème le symbole. C'est dans les symboles et non dans les schèmes (figés par Kant et limités quant à leur nombre) que réside selon Cassirer le médium où s'opère la relation effective de la connaissance avec son objet. Qu'est-ce que le symbole, ou plus précisément l'acte de symbolisation ? Cet acte désigne l'énergie de l'esprit par laquelle celui-ci relie un contenu de signification à un signe sensible concret. C'est la fonction symbolique qui rend possible la répudiation de l'impression immédiate et la recognition du sens des conte-

1. *Substance et fonction*, Berlin 1910, trad. par Pierre Caussat, Minuit, 1977, p. 17-18 : Cassirer montre que ce que l'étant particulier est, n'est rien d'autre que sa place dans la série dont il est membre, place déterminée par la loi de cette série. Dès lors, ce qui est essentiel à un être, ce sont les rapports différentiels dans lesquels il se trouve, et non une substance sous-jacente, comme le voulait la tradition aristotélicienne.

nus empiriques au moyen du symbole qui fonctionne comme *substitut* ou représentant du réel. Qu'il s'agisse de fait scientifique, de mesures physiques, de concepts (température, pression, masse, etc.), de lois, on retrouve cette tendance à l'idéalisation de la matérialité des données sensibles qui ne doivent leur objectivité physique qu'à leur intégration dans un système fonctionnel de symboles algébriques[1].

On serait donc tenté d'avancer que Cassirer, à l'instar de Cohen, privilégie l'esprit par rapport à la matière. De fait Cassirer intègre dans sa théorie transcendantale *ouverte* les nouvelles découvertes scientifiques les plus révolutionnaires, à commencer par la théorie de la relativité : « La critique exercée par la théorie de la relativité aux concepts physiques d'objets (...) libère toujours la méthode de pensée scientifique des présupposés propres à la vision du monde naïvement sensualiste et chosiste. »[2] Cassirer fait allusion à l'abandon des concepts de matière et d'éther. Il admet le profond remaniement des fondements de la physique théorique introduit par la théorie de la relativité, comme par exemple le recours à la géométrie non euclidienne de Riemann. Si la mécanique newtonnienne est dépassée par la physique relativiste, la lecture que Cassirer fait de Kant lui permet néanmoins de sauvegarder l'essentiel de la méthode transcendantale : « Ce à quoi aspirait la *Critique de la raison pure*, ce n'était pas de fonder la connaissance philosophique une fois pour toutes dans un système de concepts figés et dogmatiques, mais d'ouvrir "la voie continue d'une science" dans laquelle il ne peut y avoir nullement de halte

1. *Substance et fonction*, p. 304-305.
2. *Zur Einsteinschen Relativitätstheorie*, Berlin, 1921 ; rééd. Darmstadt, p. 35.

absolue, mais seulement des étapes relatives » *(ibid.)*. La matière de la connaissance, en sa richesse inépuisable, symbolise la tâche infiniment ouverte de la connaissance. La matière du connaître n'est pas réductible à des formes figées, ce qui indique bien qu'elle *résiste* à toute formalisation définitive, qu'elle appelle sans cesse la production de nouvelles formes.

Cassirer ne vise donc pas l'absorption définitive de la matière dans la forme mais les saisit dans une corrélation dynamique et féconde : « Tous deux ne déploient les vertus qu'ils renferment qu'en se mesurant l'un à l'autre » (*PFS,* III, p. 458). Dans cette corrélation, même si le rôle de la matière et de l'expérience est considérablement réévalué, Cassirer semble maintenir malgré tout, fidèle sur ce point à Cohen, le primat de l'esprit dans la connaissance. C'est l'imagination mathématique, définie par Kant comme *construction* de concepts, qui occupe une place décisive : « L'expérience va devant en formulant le problème ; mais on ne peut en attendre la solution qui doit naître de l'orientation maîtresse propre à la pensée constructive des mathématiques » (*ibid.,* p. 459). L'imagination constructive produit donc le formalisme permettant de lier et d'interpréter les éléments empiriques, et son activité est toujours sollicitée puisque la multiplicité empirique déborde toujours ses constructions. L'imagination, on l'a compris, loin de présenter l'image ou reflet affaibli de l'objet à connaître, apparaît comme la liberté même de l'esprit produisant des symboles valant comme substituts des objets.

L'épistémologie de Cassirer instaure une relation d'« expression » (au sens leibnizien de corrélation et non au sens mythique de coïncidence ou de fusion) entre l'ordre des symboles caractéristiques des théories physiques et l'ordre des phénomènes. Le procédé pour inférer du passé à l'avenir consiste à forger des symboles représentatifs des objets, de telle sorte que les conséquences logiques de ces symboles soient elles-mêmes les images des conséquences nécessaires des objets naturels. La valeur symbolique des concepts scientifiques (ces signes sensibles que Leibniz, à la suite de Descartes, imputait à l'imagination) ne signifie plus qu'ils reflètent chacun fidèlement telle réalité, mais qu'ils produisent de l'unité entre les phénomènes. Le système symbolique de la physique représente *(stellt dar)* l'ensemble des relations qui existent entre les objets réels et sert à comprendre comment ils dépendent les uns des autres.

La confiance de Cassirer dans la puissance anticipatrice du théorique commence cependant à s'estomper en 1936 avec la théorie des quanta. Cassirer évoque la tentative infructueuse de Schrödinger pour retrouver une intuition spatio-temporelle dans les phénomènes quantiques. La fonction anticipatrice de l'imagination mathématique travaillant dans un espace tridimensionnel semble ici remise en cause, puisque le processus ondulatoire n'est pas plongé dans un espace tridimensionnel de coordonnées, mais dans un espace élargi, où le nombre des dimensions est égal au nombre des degrés de liberté du système et différant ainsi essentiellement de l'espace tridimensionnel ordinaire. Cassirer prend acte de la position d'Heisenberg selon lequel les progrès significatifs n'ont été accomplis que sous la seule pression des résultats expérimentaux, jamais grâce à la spéculation[1]. Si une part d'anticipation doit revenir au théo-

1. Heisenberg : *Wandlungen in den Grundlagen der Naturwissenschaft*, Leipzig, 1936.

rique, elle est à rechercher du côté de la créativité propre aux mathématiques qui, par le biais de l'imagination ou encore de l'entendement rapporté à l'intuition pure, produisent entièrement *a priori* les schèmes généraux pour la pensée. Cependant, c'est bien sous la pression des données expérimentales que la physique moderne fut contrainte de recourir à tel ou tel formalisme. Cassirer reconnaît ainsi que c'est la nature, inépuisable, qui pose toujours des problèmes nouveaux et imprévus, et que, faute de pouvoir anticiper les faits, nous pouvons seulement « satisfaire, grâce à la puissance de la pensée symbolique, à l'interprétation intellectuelle de ces faits »[1]. Bref, Cassirer accorde de plus en plus d'importance à la matière de la connaissance. En lui reconnaissant un rôle positif dans l'orientation de l'activité formalisante, il accomplit une avancée décisive non seulement par rapport à Kant mais encore par rapport au traitement cohénien du dualisme de la matière et de la forme, qui faisait la part trop belle à l'esprit. Avec Cassirer, on passe à l'idée que *la raison n'est plus quelque chose de donné et d'autosuffisant*, mais une tâche « pour laquelle il faut lutter en engageant toutes nos forces »[2].

Le dualisme comme rempart contre la pensée mythique. — Cassirer distingue entre trois modalités fondamentales de la symbolisation. Le symbole peut remplir une fonction expressive, une fonction représentative et une fonction significative. La première, la fonction expressive, concerne la conscience

1. *Essai sur l'homme*, p. 305.
2. *Der Begriff der Philosophie*, Göteborg 1935, édité en traduction anglaise in *Symbol, Myth and Culture*, par D. P. Verene, Yale University Press, p. 62.

mythique du monde, qui ne distingue pas entre le phénomène (la matière) et l'essence (la forme ou contenu signifiant). C'est une certaine manière d'appréhender le sensible qui permet de le concevoir comme par lui-même porteur de sens. En toute rigueur, on peut dire que le sensible est par lui-même porteur de sens parce que la conscience qui s'y rapporte ne vise plus ce sens comme convenu ou comme résultant d'une décision de l'esprit. La seconde est la fonction représentative, qui actualise le donné dans l'objectivité du langage. La troisième enfin, la fonction significative, produit l'objectivité scientifique. Dans ce dernier cas la matérialité ou l'aspect sensible du symbole s'efface au profit de la signification intellectuelle grâce à laquelle les signes font jouer leur caractère fonctionnel. Seul le symbole conçu comme *expressif* dépasse d'une certaine manière le dualisme de la matière et de la forme, du sensible et de l'intelligible, puisqu'il est visé comme étant à la fois l'un et l'autre.

La valeur *expressive* du symbole se caractérise en effet par l'immédiateté, par l'absence de distance entre l'exprimant et l'exprimé. L'exprimant et l'exprimé s'identifient l'un à l'autre. Par exemple le primitif compte sur ses doigts, ne distinguant pas entre le nombre et la chose nombrée. Dans le culte le « danseur est le dieu, il devient le dieu » (*PSF,* II, 61). L'image se confond avec la chose. Le mot reçoit une valeur incantatoire, c'est-à-dire qu'il est conçu comme fournissant la présence de ce qui est nommé. L'objet donné en rêve, où règne l'imagination, n'est pas distinct de l'objet perçu, et c'est pourquoi des accusations fondées sur des rêves sont reçues. De même « il n'y a pas pour la pensée mythique de moment clairement défini où la vie se transforme en mort et la mort en vie » (*PSF,* II, 58). Dans son « image », le mort demeure « présent », que cette image soit une image à proprement parler ou des reliques d'où émanent des pouvoirs puissants (la relique est la partie valant pour le tout). Pour la conscience mythique tout peut être cause de n'importe quoi : un rêve n'est pas moins cause qu'un phénomène physique, si bien que la mort d'un homme n'est jamais mort naturelle, pour peu qu'elle ait été préalablement imaginée. Tout sensible est en lui-même expressif d'un sens, c'est-à-dire d'une force en vertu de laquelle il peut agir sur le monde. Par exemple l'épée royale porte et conserve la force divine. L'épée donne sa force au bras dans un rapport vivant et sacré. Le concept mythique de force, écrit Cassirer, « se distingue du concept scientifique en ce que la force n'apparaît jamais comme un rapport dynamique (...) mais comme quelque chose de matériel et de substantiel » (*PSF,* II, 81).

Nous voici devant le *mana*, force matérielle répandue dans le monde, « mais qui apparaît pour ainsi dire condensée dans certaines personnalités douées d'une puissance singulière, le sorcier, le prêtre, le chef et le guerrier ». Le *mana* est « quelque chose de matériel qui peut aller d'un endroit à l'autre, d'un sujet à un autre » (*PSF,* II, 82). Le sensible est donc conçu comme en lui-même porteur de sens, comme expression du *mana*. Dans le monde mythique la conscience organise selon des rapports de force la hiérarchie des divinités et des démons. On a affaire à des structures d'appartenance ou tout peut participer de tout, où rien n'est privé de sens pour autant qu'il renvoie à une forme ou force de laquelle il participe. La position du dualisme de la matière et de la forme sera le propre de la pensée scientifique, qui sépare ce qui est initialement uni, qui prend ses distances à l'égard du réel immédiatement donné pour mieux se le réapproprier. Contrairement à la pensée scientifique qui établit une cohésion entre des éléments distincts, soit entre des phénomènes, soit entre des données matérielles et des concepts formels, « l'intuition mythique laisse en dernière analyse coïncider ce qu'elle lie, et cela se comprend quand on songe qu'il n'y a au fond (...) qu'un seul plan d'être » (*PSF,* II, 88-89).

Du début à la fin de son œuvre, Cassirer dénonce les dangers de la conscience mythique en philosophie, et il réaffirme l'essentiel du criticisme kantien : savoir discerner, séparer, ne pas confondre, redonner son intégrité à chaque chose. Du point de vue à la fois épistémologique et éthique, Cassirer valorise la séparation kantienne entre la matière et la forme, entre la chose et le concept, entre le sujet et l'objet, pour autant qu'elle préserve de toute dérive *fusionnelle*. La critique kantienne ne doit donc pas être comprise uniquement comme ce qui sépare les choses entre elles, comme une simple instance de dissolution, mais comme ce qui permet d'éviter, grâce à l'opposition fondamentale de la matière et de la forme, de désastreuses confusions.

Cassirer le souligne à maintes reprises dans *Le mythe de l'État* : le propre du totalitarisme a été de dissoudre la limite séparant le rationnel (la forme) de l'irrationnel (la matière). Le rationnel désigne la faculté que possède l'humanité de pouvoir s'organiser en se représentant ce qu'elle est. À travers l'apparition de l'État, l'humanité a fait émerger une capacité d'intelligence inédite au cours de l'histoire. Avec le totalitarisme, l'État a été perverti, parce que tout un courant de la pensée politique a demandé à l'histoire ainsi qu'à la politique d'être des formes d'absolus sur terre. Vouloir à tout prix dépasser le dualisme légué par Kant en faisant, comme Hegel, du concept l'Être même, ou encore de l'État la matérialisation ou l'*expression* de l'Esprit divin, c'est réaffirmer à l'instar de la conscience mythique « un seul plan d'être ». C'est réintroduire le mythe dans la philosophie avec tous les dangers que cela comporte, à commencer par la divinisation de l'État conçu comme incarnation de Dieu Lui-même[1]. Hegel a développé selon Cassirer la matrice théorique conduisant à faire de la politique une religion du salut terrestre sous la forme de l'État, censé incarner la figure de l'Absolu dans l'histoire.

L'État comme objet d'un discours mythique a été utilisé par les politiques et, en particulier, les spécialistes de la propagande, afin de fondre les individus en un tout. Au lieu de s'adresser à l'intelligence des foules, les dirigeants politiques se sont mis à vouloir manipuler celles-ci, en les attirant par des messages parlant à leur inconscient, à leurs réflexes les plus archaïques. En partant de l'homme comme animal *symbolique*, Cassirer tente de montrer à la suite de Kant que l'homme, par l'imagination, crée les symboles qui donnent sens au monde, sans se laisser absorber dans un sens préexistant qu'on n'aurait plus qu'à « déceler ». Entre mythe et sens, entre une imagination ayant pour fonction d'exprimer un sens préalable (voir la fonction ontologique de la poésie chez Heidegger) et une imagination productrice de symboles n'en finissant pas de donner du sens au monde, l'homme a le choix de son destin. Cassirer nous aide à faire le choix du sens en nous manifestant l'ambiguïté du symbole, qui peut régres-

1. On retrouve ici sous une autre forme la critique adressée par Schopenhauer à Spinoza : en faisant du monde l'*expression* du divin, Spinoza divinise le monde et s'ôte les moyens de penser ce qu'il y a en lui d'injustifiable (voir les dernières pages du *Monde comme volonté et comme représentation*).

ser en mythe (lorsqu'il n'a plus qu'une valeur *expressive*) ou progresser vers le sens (lorsqu'il *représente, indique ou signifie*).

Dans la préface du dernier tome de la *Philosophie des formes symboliques* publié en 1929, Cassirer ne cache pas que son projet vise une « critique de la philosophie actuelle », c'est-à-dire de Heidegger qui a publié *Être et temps* en 1927. Heidegger a commis la même erreur que les romantiques, la même erreur que Hegel, dans son traitement du dualisme kantien de la matière et de la forme. En voulant saisir la réalité des choses, en voulant fusionner le *Dasein* avec l'être, il s'est figé dans un retour nostalgique à une authenticité ambiguë. À cette problématique « régressive » Cassirer substitue la problématique libératrice du progrès mise en place par Kant et les Lumières. Alors que le sens à travers le symbole aboutit toujours à aller au-delà des choses pour donner à penser, la fascination pour l'être ou la chose en soi – dont Kant nous a pourtant libérés – aboutissent à un arrêt du mouvement du sens ainsi qu'à une pétrification de celui-ci dans le mythe.

La différence essentielle entre l'homme et l'animal n'est pas la raison, puisque certains animaux communiquent, s'organisent socialement et vont même jusqu'à manipuler le monde. Elle est que la structure dans laquelle les animaux se trouvent est une structure biologique, alors que celle de l'homme est symbolique[1]. En d'autres termes, l'homme devient homme au moment où il se retire d'un engagement immédiat et concret avec le monde, et ose vivre une réalité *virtuelle*, c'est-à-dire un ordre de pure possibilité idéale. Le

1. Cassirer écrit : « ... l'animal possède une imagination et une intelligence pratique, alors que l'homme seul a développé une forme nouvelle : une imagination et une intelligence symbolique » (*Essai sur l'homme*, p. 33).

symbole est ouverture, renvoi à autre chose, dépassement donc et, par là même, liberté.

Le monde des choses, de la présence est un monde pétrifié, un monde primaire. Certes, un tel monde est expressif, mais il ne s'agit pas de s'y fondre, sauf à renier la vocation de l'homme qui est de transcender le monde. Comme l'a bien montré Cohen à la suite de Kant, l'homme se trouve en face de l'être parce qu'il fait exister cet être en le construisant à travers le langage. L'être n'est pas *donné* comme une chose, mais à la faveur d'un acte de l'esprit. Même s'il faut sans cesse se mettre à l'écoute de la nature, comme nous l'avons vu à propos de la science physique, il n'en reste pas moins qu'on ne connaît de la nature que ce que l'on y met, à partir de notre intériorité et de ce « sens interne » constructif et synthétique qu'est l'imagination. Cassirer écrit : « La connaissance ne se contente pas d'avoir un contenu sensible. Elle le crée à partir d'elle-même (...). L'image cesse d'être ainsi quelque chose qui est simplement reçu de l'extérieur et devient quelque chose de figuré depuis l'intérieur dans lequel règne un principe fondamental de création libre. »[1] On peut songer ici non seulement au schématisme, mais également aux § 49 et 59 de la *Critique de la faculté de juger* : l'imagination crée librement son propre contenu sensible, les symboles ou « Idées esthétiques », toujours inadéquats, pour exprimer les « Idées de la raison », c'est-à-dire pour réunir le sensible et l'intelligible autrement que par une fusion mythique unilatérale et désastreuse. Telle est la leçon « éthique » de l'imagination de la troisième *Critique*, dont Cassirer se fait l'heureux héritier.

1. *Trois essais sur le symbolique*, trad. Jean Garro et Joël Gaubert, Paris, Éd. du Cerf, 1997, p. 15.

Notre auteur insiste enfin sur la distinction entre la religion comme rapport à une transcendance et la pensée mythique comme dépassement de tous les dualismes instaurés par Kant. En confessant la transcendance de Dieu, en invitant les hommes à se transformer intérieurement en pratiquant une maîtrise de leur violence, en mettant l'accent sur l'intériorité enfin, le message des prophètes a été, avant la lettre, le premier évangile antitotalitaire[1]. Le judaïsme se concilie donc avec le kantisme par son souci de la transcendance. En creusant un abîme entre Dieu et la nature (contrairement au polythéisme), le judaïsme a fait de Dieu cet Autre inconnaissable porteur d'infini, auquel on accède en s'ouvrant à l'infinité de sa propre liberté intérieure.

1. Si l'idéologie nazie voulait triompher, elle n'avait donc d'autre choix que d'éliminer son principal obstacle. Cassirer écrit : « L'un des premiers usages du mythe fait par la nouvelle mythologie nazie a été de combattre le judaïsme. [...] Car le judaïsme a, dès ses tout premiers commencements, attaqué et rejeté tous les éléments mythiques qui avaient, jusque-là, pénétré et gouverné la pensée religieuse. L'expression classique de ce rejet se trouve dans les mots : "Tu ne feras pas d'image ni de quelconque représentation de quoi que ce soit se trouvant dans les cieux ou sous la terre, ou dans l'eau qui est sous la terre. Tu ne te courberas pas devant eux ni ne serviras" » (« Le judaïsme et les mythes politiques modernes », *Revue de métaphysique et de morale,* trad. Fabien Capeillères, Paris, 1991, p. 294).

Kant
lu par les phénoménologues

Le courant phénoménologique engagé par Husserl et poursuivi par Heidegger apporte une alternative à la conception « marbourgeoise » de la philosophie. Husserl et Heidegger renouent, chacun à sa manière, avec la philosophie comme ontologie. Établir une ontologie universelle[1], cette discipline que Kant, selon l'interprétation marbourgeoise, avait précisément voulu dépasser, apparaît, nous allons le montrer, comme l'enjeu qui donne sens à l'entreprise phénoménologique husserlienne. Loin donc de renoncer à la question de l'être, comme son nom semblerait l'indiquer, la phénoménologie cherche l'être dans le champ phénoménal lui-même, qu'il s'agisse de saisir l'être comme phénomène avec Husserl – « d'autant plus d'apparaître, d'autant plus d'être » – ou de rendre manifeste « le phénomène d'être » avec Heidegger. La philosophie transcendantale kantienne, bien que constituant le fond commun à l'école de Marbourg et à la phénoméno-

1. Contrairement à Heidegger qui a toujours conçu sa philosophie comme ontologie, c'est seulement à partir des *Ideen III* (1912) que Husserl conçoit la phénoménologie comme aboutissant à une ontologie universelle.

logie, nourrit bien deux courants nettement opposés l'un à l'autre, voire même contradictoires l'un de l'autre : la philosophie marbourgeoise comme système transcendantal de la culture, centrée sur l'activité *constructive* du sujet humain, n'a pas du tout le même statut ni les mêmes préoccupations que la phénoménologie comme ontologie, centrée sur la notion de *donation*. Le débat de Davos de 1929 entre Cassirer et Heidegger, riche d'enjeux tant théoriques que pratiques, fera éclater au jour cette opposition qui s'origine dans une divergence d'interprétation sur le sens du kantisme.

Husserl

La problématique husserlienne est initialement une problématique épistémologique d'allure kantienne : « ... la question cardinale de la théorie de la connaissance [...] concerne l'objectivité de la connaissance. »[1] Seulement la manière dont Husserl conçoit l'objectivité de la connaissance dès le début de son œuvre est essentiellement distincte de celle dont Kant ou encore l'école de Marbourg la concevait, puisque les formes ou conditions de possibilité du connaître ne sont plus dissociées des objets mêmes à connaître. Les cinq leçons de 1907 qui composent *L'idée de la phénoménologie* permettent de faire le point sur cette question. L'objectif de Husserl est d'atteindre des formes *absolues*, *données* dans leur évidence indubitable, ainsi que les corrélations entre ces formes[2].

1. Introduction aux *Prolegomena*, § 3, *Logische Untersuchungen* (désormais *L U*), éd. 1913, rééd. 1968, Biemeyer, Tübingen, t. 1, p. 8.
2. *L'idée de la phénoménologie*, trad. A. Lowit, Paris, PUF, 1985, p. 115.

Kant, comme on sait, concevait les formes de la connaissance, d'une part, comme non objectives par elles-mêmes (tant qu'elles ne se rapportent pas à une matière donnée), d'autre part, suivant l'interprétation psychologique que l'on peut faire de la *Critique*, comme constitutives du sujet humain, comme immanentes et relatives à ses facultés.

Husserl en revanche s'attache à des formes transcendantes, absolues, c'est-à-dire non relatives au seul sujet humain, et les prend d'abord elles-mêmes pour des objets *offerts* à la conscience. L'« idée générale » par exemple est dite non plus immanente au sujet connaissant mais « transcendante ». Elle n'est pas un fait psychologique contingent, lié à la nature de la psychologie humaine, mais se *donne telle qu'elle est* à la conscience, comme une vérité absolue. La conscience *reçoit* donc une forme transcendante, qu'elle ne produit pas *à l'intérieur* d'elle-même. Les formes ne sont pas des formes *de* l'entendement humain mais des formes *données à* l'entendement humain.

Du même coup Husserl s'oppose à l'école de Marbourg qui conçoit les formes de la connaissance comme des *instruments*, éventuellement modifiables (Cassirer), permettant de constituer l'objet physique, et en perpétuel dialogue avec lui. Avec Husserl ce n'est plus le sujet qui informe les choses données à partir de ses instruments formels. Au contraire il *reçoit* les différences formelles des choses. Autrement dit les formes elles-mêmes lui sont données phénoménalement. Comment comprendre cependant que les formes elles-mêmes soient *données,* et plus seulement la matière de la sensation ? Kant n'a-t-il pas limité l'instance de la donation, à savoir l'intuition, au seul domaine sensible ?

Husserl, dès les *Logische Untersuchungen*, dépasse le dualisme kantien de la matière donnée et de la forme spontanée en soumettant aussi bien le sensible que les catégories au seul régime de la « donation intuitive ». Alors que Kant restreignait l'intuition à l'intuition sensible, Husserl réhabilite contre Kant l'idée d'une intuition intellectuelle, nommée « intuition catégoriale ». Ce que Husserl thématise comme un retour aux choses mêmes, ces choses dont Kant nous avait privé pour leur substituer les objets construits par le sujet connaissant, exige en effet « un nouveau concept d'intuition » dégagé de l'habituel, « celui de l'intuition sensible » (*LU*, II, § 26, t. 2, p. 173). La *Sixième Recherche* pratique ainsi un « élargissement » des concepts d'intuition et de perception, « élargissement qui permet de parler d'intuition catégoriale et spécialement d'intuition universelle » (*LU*, VI, Introduction, t. 3, p. 6).

Le § 30 de la *Krisis* explique la nécessité de cet élargissement. Husserl reproche à Kant une approche « naturaliste » ou « psychologique » de la conscience : « ... son concept de l'âme est celui d'une âme naturalisée, valant comme composante de l'homme psycho-physique. » Kant admet comme « hors de question » certains présupposés naturalistes, tenus pour évidents, comme les « facultés comprises comme des pouvoirs attribués [à l'âme] sur le mode la nature ». Kant aurait dû ne rien admettre qui ne fut effectivement évident. Comme seule l'intuition, comme on le sait depuis Descartes, fournit l'évidence, il a manqué à Kant « un raisonnement intuitif de fond en comble », soumettant toute assertion au critère de l'évidence. Réduisant le champ de l'intuition au sensible, Kant se dispense de soumettre le non-sensible (le conceptuel, mais aussi les énoncés sur la conscience) à l'évidence, c'est-à-dire à l'intuition. Pour tout rendre évident, il aurait fallu tout soumettre à l'intuition, donc « faire subir au concept même de l'intuitivité, à l'opposé de son acception kantienne, un élargissement essentiel »[1].

Grâce à l'intuition universellement donatrice, le dualisme kantien des objets donnés et des concepts ou idées disparaît : les idées valent pour des objets *(Gegenstände)*. Comment cependant est-il possible de considérer par l'intuition les concepts ou idéalités logiques comme données ? Comment comprendre que par elle « les objets idéaux existent véritablement », par exemple que « les sept corps réguliers sont sept objets tout autant que les sept Sages ; le principe du parallélogramme des forces, un objet aussi bien que la ville de Paris »[2] ? À condition de tenir pour des objets d'intuition les actes jusque-là tenus, en régime kantien de pensée, pour non objectifs. En d'autres termes ce que Kant présentait comme les actes *spontanés* de l'esprit (par exemple un concept ou une déduction mathématique), tout en lui refusant l'objectivité en absence de remplissement empirique (le concept mathématique non appliqué, non rempli empiriquement reste vide et sans objectivité), devient chez Husserl *objet* de l'intuition.

C'est en détournant le regard de l'intuition des objets vers les actes par lesquels le sujet vise les objets que Husserl parvient à élargir le domaine de l'intuition. Je cesse de porter mon regard vers les objets pris en eux-mêmes pour diriger mon intuition vers les actes de la conscience qui me permettent d'y accéder[3]. Le propre de l'intuition ainsi élargie est

1. *La crise des sciences européennes et la phénoménologie transcendantale*, Paris, Gallimard, 1976, trad. Gérard Granel, p. 131-132.

2. *LU*, II, § 8, t. 2, p. 124 ; et *LU*, I, § 31, t. 2, p. 101.

3. Aussi Husserl préfère-t-il le terme large d'objectité *(Gegenständlichkeit)* à celui, trop étroit, d'objectivité, « parce qu'ici il s'agit partout non pas sim-

qu'elle atteint désormais à la fois deux éléments que Kant tenait pour irréductibles l'un à l'autre, à savoir la matière (singulière) et la forme (générale). D'une part en effet l'intuition sert pour un acte d'intention individuelle, remplit une visée singulière – nous visons par exemple telle maison, telle teinte de rouge. Mais d'autre part nous pouvons, par la première intuition utilisée comme simple support, viser aussi *la* maison comme l'essence de toute maison possible, la couleur universelle du rouge à partir de laquelle brillent tous les rouges particuliers. Ainsi, sur l'intuition sensible, prend appui « un acte de compréhension et de visée faisant surgir l'espèce *(spezialisierenden)* », en sorte que « s'édifie sur l'intuition de la maison individuelle ou de son rouge un nouveau mode d'appréhension, qui est constitutif pour la donnée intuitive de l'idée de rouge » (*LU*, II, § 1, t. 2, p. 109). En d'autres termes l'intuition première se trouve utilisée pour rendre intuitif le catégorial, pour permettre l'intuition des « essences ». Que l'intuition puisse s'orienter ainsi vers les formes catégoriales universelles (les essences) atteste bien la nature catégoriale de l'intuition, que Kant tenait pour seulement sensible. Bien plus, il faut comprendre à partir de la *Sixième Recherche* que l'intuition est foncièrement ou fondamentalement catégoriale : je vois la maison *en tant que* maison avant de voir *une* maison ; l'idée de maison précède telle ou telle maison, et la fait apparaître comme telle. L'intuition des essences ne redouble pas l'intuition sensible, ne s'appuie pas sur elle, mais la précède en la rendant possible phénoménologiquement.

plement d'objets au sens étroit, mais aussi d'états de chose, de caractéristiques, de formes réales ou catégoriales dépendantes, etc. » (*LU*, I, § 9, t. 2, p. 38, n. 1).

En tant qu'elle offre aussi bien la matière que la forme, rien n'échappe désormais à l'intuition. Rien ne restera dès lors invisible, ni le sensible, ni l'essence, ni la forme catégoriale elle-même, puisque l'intuition donne ces objets comme autant de modes de présence. Comme le fait observer J.-L. Marion, « aucun reste d'ombre ni de retrait ne résiste à l'évidence de l'apparaître ». En d'autres termes les phénomènes offerts par l'intuition ne laissent aucune chose dans l'ombre, s'identifiant ainsi aux choses mêmes. Le dualisme kantien du phénomène et de la chose en soi disparaît, englouti par le raz de marée de l'intuition qui donne tout.

Husserl semble cependant rétablir un dualisme lorsqu'il écrit que « le domaine de la signification est bien plus vaste, de beaucoup, que celui de l'intuition » (*LU*, VI, § 63, t. 3, p. 192). Le paradoxe est que la signification semble surpasser le champ, pourtant d'ensemble, sans reste, de l'intuition. Il faut, pour lever le paradoxe, comprendre que sans intuition, en toute autonomie, les significations sont déjà présentes. Elles n'ont pas à attendre l'intuition puisqu'elles sont déjà là : « ... d'abord est donnée, et donnée pour elle-même, l'intention de signification ; ce n'est qu'ensuite qu'intervient, en plus, l'intuition correspondante » (*LU*, VI, § 8, t. 3, p. 33). On peut donc comprendre que les significations constituent un champ plus vaste que l'intuition au sens où l'intuition n'a jamais fini de les remplir. En droit cependant, sinon en fait, l'intuition peut couvrir le champ des significations pour autant qu'elle est susceptible de les remplir. L'intuition donc, peut tout nous donner, même les significations non encore remplies.

Il convient dès lors de s'interroger sur le statut « ontologique » de la phénoménologie husserlienne. Alors que la *Cri-*

tique de la raison pure substitue au titre pompeux d'ontologie une simple « analytique de l'entendement », la conclusion des *Méditations cartésiennes* marque nettement que « la phénoménologie transcendantale systématiquement et totalement développée serait *ipso facto* la véritable et authentique ontologie ». Certes il pourrait sembler que l'ontologie husserlienne, par son caractère transcendantal, soutient la comparaison avec la philosophie transcendantale kantienne. En effet « l'ontologie [...] est la science des formes possibles, des formes disjonctivement nécessaires des mondes possibles, tels qu'ils doivent finalement pouvoir être ». Et Husserl ajoute que « l'ontologie complètement concrète n'est *eo ipso* rien d'autre que l'authentique philosophie transcendantale ». Deuxièmement l'étant est assimilé à l'étant en tant que connu : « L'étant est étant de la connaissance », ce qui semble confirmer l'attachement à Kant.

Pourtant Husserl, au § 27 de *Logique formelle et logique transcendantale,* souligne expressément sa rupture avec Kant : ses *Recherches logiques* « ont osé reprendre sous une forme neuve la vieille idée – tellement proscrite du fait du kantisme et de l'empirisme – d'une ontologie *a priori* ». Il convient d'abord de souligner que Husserl affirme l'*indépendance* de son ontologie, qui comprend la théorie du jugement (apophantique formelle) mais aussi la *mathesis* formelle (arithmétique, analyse pure, doctrine de la multiplicité), à l'égard des sciences de fait ou d'expérience. Contrairement au Cassirer de la maturité, pour qui les formes ne sauraient être définies dans leur validité indépendamment de la matière à laquelle elles s'appliquent, Husserl affirme l'indépendance des formes à l'égard du donné. Cette autonomie des formes, qui ne dépendent pas de telle ou telle région particulière de l'étant, assure du même coup leur validité universelle : « ... la *Mathesis* formelle [est] liée de la même manière à toutes les sciences en général » (*Ideen III,* § 9, p. 25).

L'idée clef de Cassirer selon laquelle la forme doit s'adapter à la matière, se tenir à son écoute, disparaît sous le projet d'une science universelle de type cartésien, susceptible de s'appliquer indifféremment à n'importe quelle région de l'être. La *mathesis* ou logique formelle est censée gouverner les différentes ontologies régionales ou sciences, ordonnées à tel ou tel fond matériel. Si l'opposition à Cassirer est patente, on peut considérer cependant que l'analytique kantienne avait elle aussi une portée universelle, énonçant les conditions du rapport du sujet à l'objet en général. La rupture avec Kant se précise dès lors que l'on s'interroge sur le paradoxe que constitue l'ontologie husserlienne : qu'est-ce qui garantit le caractère ontologique de cette logique ou *mathesis* qui se présente pour lors comme purement formelle, c'est-à-dire indépendante de toute matière, de tout être ?

Chez Kant les concepts *de l'entendement* (non des choses) sont assurés de leur rapport aux choses parce qu'ils prennent sens sur fond de temporalité – par exemple le concept de substance est la représentation d'une permanence dans le temps –, et que le temps est une forme commune au concept et au donné (tout ce qui se donne se donne dans le temps comme forme du sens interne). Or, on a affaire avec Husserl à une éidétique *indépendante* de toute donnée matérielle. Semble dès lors subsister un hiatus infranchissable entre le formel et le matériel puisque nulle imagination productrice n'intervient pour schématiser les concepts, pour médiatiser leur rapport au donné matériel. Husserl contrairement à Kant (et à Cassirer) conçoit l'imagination non plus comme une fonction servant à assurer le rapport de la forme à la matière mais comme un certain état de conscience par lequel quelque chose nous est donné. L'imagination comme rétention ou comme ressouvenir est ce par quoi le temps nous est donné, ou du moins l'élément fondamental de notre disposition temporelle ou temporalisante. Elle n'est pas envisagée comme moyen d'assurer, via la temporalité, le rapport des concepts à l'être donné, mais comme moyen de révéler à la conscience des structures déjà là. En d'autres termes l'imagination selon Husserl est avant tout une expérience servant à explorer les structures constitutives de l'intentionnalité plutôt qu'à constituer l'objet lui-même.

Au début des *Ideen* Husserl invoque l'ouverture encyclopédique de l'imagination conduisant la recherche des essences. L'idée essentielle est que l'imagination parcourant les possibles sert non pas à construire la vérité mais à découvrir des vérités déjà existantes ou « éternelles » : « ... la fiction est la source où s'alimente la connaissance des vérités éternelles. » En quel sens donc peut-on encore parler chez Husserl d'ontologie, puisque la découverte des formes semble se substituer à la question de l'être des objets ? Réponse : « ... l'ontologie formelle (toujours prise en tant que logique pure en sa pleine extension jusqu'au rang de *mathesis universalis*) n'est (...) rien de moins que la science éidétique de l'objet en général. » Husserl élève la logique formelle au rang d'une ontologie, malgré la contradiction des termes, en comprenant l'ontologie comme une pure théorie de l'objet en général. La logique formelle atteint formellement l'objectité, en traitant l'objectité comme une forme générale. Autrement dit l'objectité d'un objet quelconque en général constitue la première forme, forme pure puisqu'elle précède toutes les régions de la science, aussi bien leurs essences éidétiques propres que leurs fonds matériels respectifs. L'objectité pure et simple ouvre l'accès à la région originaire, au point qu'elle devient, plus qu'une région, « la forme vide d'une région en général »[1].

Cette notion générale d'objectité permet en outre d'unifier l'ontologie formelle. Celle-ci comprend la théorie du jugement (l'apophantique formelle), qui s'unifie avec la mathématique formelle à partir du principe de non-contradiction, et parce qu'il est possible de formaliser les mathématiques. Puisque l'apophantique procède par jugement formel, il suffit que la mathématique se formalise pour que la seconde puisse rejoindre la première. Cependant il semble difficile d'intégrer la mathématique non apophantique, qui ne calcule ni ne prédique (théorie des ensembles, des nombres cardinaux, des permutations et combinaisons, etc.). Or, précisément le « concept d'objet le plus général », ou encore « l'extension du quelque chose pensé dans sa généralité la plus vide », permet d'unifier la mathématique non apophantique à l'apophantique[2]. La mathématique formelle même non apophantique convient avec la logique formelle dans la notion de l'objectivité la plus vide. Mathématique et logique se fondent en une ontologie en accédant à une même formalité, celle, la plus vide et la plus abstraite, du quelque chose quelconque.

Reste que le paradoxe n'est toujours pas levé. Si mathématique et logique ne constituent une ontologie que sous le signe de la formalité, c'est-à-dire en imposant à cette ontologie de se vider de toute détermination autre que celle de

1. *Ideen I,* § 10.
2. *Formale und transzendentale Logik*, § 23.

l'objectité indéterminée, on peut se demander en quel sens il s'agit encore d'une ontologie. Le dualisme entre la forme et l'étant n'est-il pas levé qu'en apparence, au profit de la seule forme ? Puisque la pure forme tombe sous la catégorie générale d'objet, il semble dès lors impossible de distinguer entre un jugement ayant une valeur ontique et un jugement sans corrélat dans l'être.

Il semblerait donc légitime d'accorder à Heidegger que l'ontologie formelle husserlienne occulte la question de l'être. Cette occultation tient à trois caractères essentiels de cette ontologie : 1 / elle confère un statut logique à l'étant ; 2 / elle fait primer l'objectité sur l'objet même ; 3 / elle porte originairement sur la possibilité plutôt que sur l'effectivité. L'étant en effet se dit d'abord selon l'instance logique et la prédication. L'étant n'a de consistance ou de perdurance qu'en tant qu'il fait l'objet d'un jugement. L'ontologie husserlienne semble donc en définitive laisser intact le dualisme kantien de l'être et du connaître puisqu'elle ne perce pas au-delà de l'espace logique, mais se borne à viser l'étant comme à travers un écran qu'elle ne transgresse jamais. La doctrine du quelque chose, en effet, « n'est qu'une manière corrélative de considérer la doctrine des jugements cohérents en général et des formes dans lesquelles ils s'unissent en système de jugements cohérents et conséquents » (*Formale*, § 54, p. 149).

Le second caractère de l'ontologie formelle tient au primat de l'objectité. Alors qu'en 1900 la question de l'objectivité scientifique était pour Husserl la question cardinale : « ... la question cardinale concerne l'objectivité de la connaissance »[1], la question s'est déplacée de l'objectivité à l'ob-

1. *Introduction aux Prolegomena*, § 3, *LU*, t. 1, p. 8.

jectité *(Gegenständlichkeit),* c'est-à-dire au problème de la constitution en général d'un objet. Le terme d'objectité indique que l'ontologie n'exige rien de plus que de pouvoir d'abord prédiquer un substrat, en suite de viser ce substrat comme point d'attribution. Il ne s'agit pas (ou du moins pas encore) de l'idéal scientifique d'objectivité, mais de l'exigence d'un point de référence. Il s'agit moins d'un objet que d'un objectif par rapport auquel dire et viser prend sens.

L'ontologie formelle se caractérise enfin par l'originarité de la possibilité. Parce qu'elle n'a besoin que de l'objectité, donc d'un objet en général, d'un « quelque chose quelconque », l'ontologie husserlienne peut se satisfaire aussi bien des possibles que des effectivités. Elle se réfère d'abord au possible comme à l'objet en général, et le recours à l'intuition, c'est-à-dire l'apport propre de la phénoménologie, ne dépasse pas la possibilité vers l'objectivité (comme c'est en revanche le cas chez Kant), mais renforce la possibilité en la fondant en tant que possibilité : pour que l'ontologie comme science se rapportant « à tout possible et à tout pensable » devienne effective, écrit Husserl, « il fallait (...) que la possibilité des objectités de son domaine fût fondée par intuition » (*Formale*, p. 16). Il faut donc aller jusqu'à conclure que les objets effectifs reviennent en propre aux ontologies régionales (aux sciences), tandis que seuls les objets possibles, mais encore l'objectité comme possibilité originaire, relèvent de l'ontologie formelle. On a donc une sorte de hiatus entre l'ontologie générale et les sciences. L'intuition en effet ne garantit plus comme chez Kant le rapport des formes à un objet effectif, puisqu'elle porte sur la forme ou possibilité logique elle-même.

Entre l'ontologie formelle servie par la phénoménologie et

l'ontologie comme connaissance de l'être même des choses réside donc une différence essentielle. L'ontologie husserlienne substitue à la connaissance de la chose même la simple connaissance de la conscience des choses. On a donc finalement affaire à une ontologie fixée sur la conscience, évacuant la question de l'être, que l'on pourrait qualifier en ce sens non plus d'ontologie générale mais d'ontologie régionale (portant sur la région conscience). La réduction phénoménologique comme exclusion de tout ce qui n'est pas donné à la conscience évacue la question sur l'être des étants : au lieu de s'interroger sur le mode d'être aussi bien des choses que du « Je », il s'agit uniquement de savoir comment le « Je » peut savoir. Retourner aux choses mêmes ne signifie donc pas retourner aux choses mêmes (les *Dinge selbst*, y compris le mode d'être de la conscience), mais aux choses comme affaires *(Sache)* de la conscience, c'est-à-dire comme immanentes à la conscience tournée vers le savoir des objets.

Il convient cependant de souligner qu'il ne s'agit pas dans l'esprit de Husserl d'un simple sacrifice de l'objet au profit des seules formes logiques. Le point nouveau et positif de ses recherches apparaît dans l'unité réalisée entre l'objet et les formes s'y rapportant. Contrairement à Kant, Husserl ne sacrifie pas la structure propre de l'objet (inconnue selon Kant) au processus de sa constitution dans la conscience. Il n'y a plus de rupture entre la logique et la physique, parcourues d'un seul et unique mouvement qui, à travers les mathématiques, se développe jusqu'aux réalités du monde. Bref, *la visée intentionnelle de l'objet en général donne une unité à la science*. La totalité du savoir forme un système stratifié certes, et diversifié quant à ses méthodes d'approche, mais qui reste unique en tant qu'il vise un seul but : connaître le monde réel. En d'autres termes, on n'a plus comme chez Kant d'un côté l'objet en soi, de l'autre les structures de la conscience. Husserl considère le jugement et les opérations logiques non plus en eux-mêmes, mais *comme visant l'objet à travers le jugement*[1]. Ainsi dans un même mouvement sont atteints aussi bien les objets visés comme pôles des structures formelles que les configurations de la conscience elles-mêmes. Bien que les entités logiques jouissent d'une réalité autonome, toute leur analytique reste axée sur l'objet en général, chaque fois visé à travers telle ou telle forme.

Heidegger

Heidegger se rattache à Husserl par son souci d'établir une ontologie, et par la reconnaissance de la démarche phénoménologique comme mode d'accès privilégié à la constitution de cette ontologie. Cependant, sa manière de concevoir l'ontologie va l'éloigner de Husserl et le conduire à une interprétation radicalement nouvelle de Kant, qui précisément lui fournit certains éléments clefs de son ontologie d'un type nouveau. Pour comprendre l'exploitation heideggerienne des thèses kantiennes, il convient d'abord de s'interroger sur les motifs qui l'ont conduit à sa nouvelle lecture du kantisme, en rupture aussi bien avec celle des postkantiens qu'avec celle de l'école de Marbourg et finalement celle de Husserl lui-même, le point commun à toutes ces lectures étant de manquer la

1. Jean Cavaillès fait justement observer que chez Husserl « l'objet en général est poursuivi » dans l'enchaînement des catégories et des significations, et qu' « il faut qu'il soit effectivement atteint pour qu'il y ait savoir », *Sur la logique et la théorie de la science*, Vrin, 1997, rééd., p. 68.

dimension proprement métaphysique ou ontologique de la *Critique de la raison pure* en réduisant l'ouvrage à une simple théorie de la connaissance.

Très tôt, Heidegger s'éloigne de l'interprétation husserlienne de la phénoménologie pour autant qu'elle repose sur des présupposés cartésiens. En 1925, les *Prolégomènes à l'histoire du concept de temps* entament une critique de la recherche phénoménologique husserlienne, en examinant comment celle-ci détermine la conscience pure. Heidegger souligne l'absence d'interrogation husserlienne sur la question de l'être de la région conscience. Certes Husserl a souligné, entre la conscience et la réalité du monde, « une différence d'essence infranchissable », « un véritable abîme du sens »[1]. Mais repérer l'opposition ne suffit pas : reste à élaborer les manières d'être respectives des deux termes. On retrouve ici la question capitale du dualisme kantien, de l'opposition entre la conscience et le monde, la tâche fondamentale n'étant pas d'abord pour Heidegger de surmonter le dualisme, mais de le penser à fond. On assiste donc avec Heidegger à un radical déplacement de la problématique husserlienne. Le problème premier n'est pas de savoir comment la conscience peut devenir l'objet d'une science absolue, problème « dont s'occupe la philosophie moderne depuis Descartes », mais celui de la manière d'être de la conscience. Éludant la première difficulté s'offrant à la phénoménologie, celle de l'être de la conscience, Husserl privilégie suivant une longue tradition philosophique l'idéal d'une science certaine de la conscience. Si Husserl s'écarte de la première mission incombant à la phénoménologie, c'est qu'il

1. *Ideen I*, respectivement § 43, 49.

reste omnubilé par l'idéal cartésien d'une science certaine, celui de la *Mathesis universalis*.

Il s'agit d'abord pour Heidegger de faire apparaître le phénomène essentiel et jusque-là négligé, à savoir le mode d'être de l'*ego*, tel qu'il se distingue du mode d'être des étants du monde, des étants intramondains. La critique que Heidegger adresse à Descartes vaut aussi bien pour Kant qui, en partant lui aussi du *Je pense* cartésien comme principe transcendantal, occulte également la question du mode d'être du je : « Kant, en reprenant la position ontologique de Descartes, est conduit à un autre manquement essentiel : celui d'une ontologie du *Dasein* » (*Sein und Zeit*, trad. E. Martineau, § 6). Puisque Descartes ne détermine pas, pas plus que Kant, la manière d'être du *sum*, il la pense implicitement sur le modèle de l'étant intramondain : le *je* est au même sens qu'une chose est. L'*ego* cartésien, mais encore kantien, n'est pas envisagé selon sa manière d'être propre, de sorte qu'il importe sur lui la manière d'être des autres étants, avec lesquels il partage univoquement le fait d'être. Descartes n'a saisi l'être du *je* que de manière imprécise ou équivoque : sur le mode de la substance, communément appliquée au *je*, aux choses étendues et à Dieu. Husserl perpétue cette erreur en distinguant des substances ou « régions », sans entreprendre d'en distinguer les modes d'être respectifs.

L'*ego* se trouve donc érigé par Descartes, et après lui par Kant, en étant privilégié devant rendre compte des autres étants. Mais son propre sens d'être reste, le premier, complètement indéterminé. Jamais Husserl, lui non plus, ne pense une différence des manières d'être entre l'étant et le *Dasein*. Or, tel est précisément le problème que Heidegger entend traiter dans *Sein und Zeit* :

« ... le problème qui se pose directement est de savoir quel est le mode d'être de l'étant dans lequel le “monde” se constitue. Tel est le problème central de *Sein und Zeit* – à savoir une ontologie fondamentale du *Dasein.* »[1]

Il s'agit dès *Sein und Zeit* de penser une différence non entre les étants, mais entre les manières d'être respectives du *Dasein* et des étants intramondains. Accéder à l'être de l'étant, c'est-à-dire le mettre à jour comme phénomène, ne signifie pas mettre à jour tel ou tel étant dans ses propriétés, mais dans son mode d'être spécifique. Or, cerner le mode d'être relatif à l'étant n'est possible que sur la base d'une saisie préalable de ce que veut dire « être », d'une compréhension du *sens* de l'être. La question du sens de l'être passe donc par une « analytique du *Dasein* », dans la mesure où l'être humain comme *Dasein* est le seul étant pour lequel, dans son être, il y va d'une compréhension de ce que signifie « être ». Parce que le *Dasein* possède une « précompréhension » du sens de l'être, il faut partir de cette précompréhension et la rendre explicite, tout en cernant le mode d'être de cet étant particulier pour qui il y a une compréhension du sens de l'être. Dans cette perspective, Heidegger trouve dans la démarche de Kant, jusqu'à un certain point du moins, les prodromes de sa propre démarche.

En 1929, dans son *Kant et le problème de la métaphysique,* Heidegger interprète la révolution copernicienne de Kant, c'est-à-dire la décision de faire de la question : « Qu'est-ce que l'homme ? » le point de départ de la recherche philosophique, comme s'inscrivant dans la perspective d'une telle

1. *Lettre de Heidegger à Husserl*, 27 octobre 1927, *in* E. Husserl, *Phänomenologische Psychologie, Hua,* IX, p. 601, trad. franç. J.-F. Courtine, in *Martin Heidegger*, Paris, L'Herne, 1983, p. 45.

interrogation sur le lieu pour lequel il y a de l'être (le *Da-sein*). La *Critique de la raison pure*, loin de s'inscrire dans l'histoire de la métaphysique comme oubli de la question de l'être au profit des étants, peut être lue comme une tentative de fondation de l'ontologie, comme un dépassement de la question de l'être des étants vers celle de l'être lui-même. Heidegger lit donc Kant à la lueur de la question de l'être, et son interprétation le conduit à dépassement du dualisme entre l'intuition d'un côté, l'entendement et la raison de l'autre, à partir d'une analyse de la finitude radicale comme *réceptivité* liée à la temporalité. Le lien avec *Sein und Zeit* se repère dans l'interprétation du *Dasein* en fonction de la temporalité, et dans l'explication du temps comme horizon transcendantal de la question de l'être.

C'est par sa thématique de la finitude radicale de l'homme que Kant, selon Heidegger, ébranle le concept traditionnel de la métaphysique. En effet, contrairement à la métaphysique leibniziano-wolffienne, Kant ne s'attache pas à la question : « Pourquoi y a-t-il de l'être plutôt que rien ? » Il ne remonte pas à un étant premier fondement de tous les autres, Dieu, dont l'essence permet par négation ou limitation de statuer sur celle des autres étants. Kant rompt avec l'onto-théologie dogmatique, en développant une interrogation sur *ce par quoi l'homme est ouverture à l'être*, et sur sa compréhension du *sens même de l'être* : « Être n'est pas un prédicat réel », écrit Kant, autrement dit l'être n'est pas une propriété ontique, un prédicat de la *res* ou de l'étant, mais une catégorie de la modalité servant à poser une *res* sur la base d'une réceptivité initiale. Kant dissocie l'être de l'étant, en rattachant la question de l'être à celle de la réceptivité. Contrairement à Cohen qui cherchait à conjurer chez Kant l'élément de réceptivité de la connaissance, Heidegger, tout au contraire, voit dans cette réceptivité le maître mot de l'ontologie kantienne, permettant d'*unifier* l'ensemble de sa doctrine. En cela il répond d'une manière radicalement différente de celle de l'école de Marbourg au problème du dualisme de la matière et de la forme.

En lisant la *Critique* non plus comme une théorie de la science, mais comme une analyse des structures de la finitude, Heidegger met en évidence ceci : s'il y a dévoilement du sens de l'être pour le *Dasein* (ce que *Sein und Zeit* nommait précompréhension ontologique), c'est fondamentalement parce qu'il est ouverture à l'être, c'est-à-dire finitude ou réceptivité. L'*Esthétique transcendantale*, à travers la théorie de l'intuition pure de l'espace et du temps, apparaît comme l'étape décisive de cette analytique de la finitude. Loin d'absorber l'esthétique dans la logique en faisant de l'espace et du temps des *méthodes* parmi d'autres servant à constituer l'objet de la science physique, Heidegger voit en eux les fondements mêmes de l'ouverture à l'être. L'intuition pure de l'espace et du temps apparaît comme ce moment de réceptivité, donc d'ouverture à l'apparition de l'objet, sans quoi il ne saurait y avoir pour le sujet quelque chose plutôt que rien.

D'où un renversement radical de l'interprétation cohénienne. Que nous sachions *a priori* qu'un objet, quel qu'il soit, est structuré de manière spatio-temporelle, c'est justement le signe qu'*une précompréhension du sens de l'être nous est déjà donnée*. Ce n'est pas avec la pensée que l'on commence, comme le voulait Cohen, mais avec la réceptivité de ces formes fondamentales de la sensibilité que sont l'espace et le temps. Le sens de l'être comme donnéité est reçu par le sujet et non constitué par lui. La structure fondamentale de la subjectivité est l'ouverture à l'être comme donné, sur fond d'intuitions pures données. C'est donc la finitude et non la spontanéité qui, radicalement, définit le mode d'être du *Dasein* et son ouverture aux étants.

En faisant ressortir la *radicalité* de cette finitude du sujet, Heidegger est conduit à proposer une solution originale au problème de l'unité de la *Critique*, divisée en *Esthétique transcendantale* et *Logique transcendantale*, en subordonnant cette fois la Logique à l'Esthétique via la temporalité et l'imagination. Que signifie la radicalité de la finitude ? La *radicalité* signifie d'abord que la finitude est structurelle et qu'elle n'est pas susceptible de degrés. L'on ne peut pas concevoir la connaissance finie abstraction faite de la limitation qui lui est inhérente, qui lui colle à la peau pourrait-on dire. Cette limitation radicale ou absolue tient au caractère dérivé de la connaissance humaine. Contrairement à ce que serait un entendement infini (divin), la connaissance humaine est un *intuitus derivativus* et non un *intuitus originarius.* Dans son *Interprétation phénoménologique de la Critique de la raison pure de Kant* professée à Marbourg pendant le semestre 1927-1928, Heidegger insiste déjà sur cette distinction kantienne décisive à ses yeux.

La connaissance infinie, ne recevant aucune limitation de l'extérieur, est pensée en conséquence comme origine de l'être, comme ce qui produit l'être par le seul fait de le concevoir, bref, comme *intuitus originarius.* En revanche la connaissance finie n'engendre pas l'être, donc *ne décide pas* du sens de l'être. Elle se contente d'*accueillir* l'être, dont le sens premier apparaît dès lors comme donnéité. C'est sur la base de la donation, dont l'élément minimal est l'intuition pure de l'espace et du temps, qu'il peut y avoir pour elle rapport à un objet. Même si le sujet fini fait abstraction du donné particulier de l'intuition empirique, il ne peut produire pour autant ses représentations de son propre fond, car sans cette dimension de réceptivité *a priori* qui correspond à l'intuition pure de l'espace et du temps, les concepts restent vides ou encore sans rapport possible à un objet. Il ne faut donc pas comprendre l'espace et le temps comme des méthodes ou des outils à mettre à l'actif du sujet, puisque ces intuitions pures s'imposent au sujet fini en tant qu'il s'ouvre à l'être sur le mode de la réceptivité. Loin de reconnaître en ce thème de la soumission à l'égard du donné une humiliation pour la pensée, Heidegger y découvre le point de départ d'une véritable ontologie, offrant les moyens de penser le mode d'être spécifique du *Dasein* en même temps que le sens de l'être.

Le thème de la finitude radicale permet à Heidegger de résoudre originalement le dualisme de la matière et de la forme, ou encore celui de l'*Esthétique* comme théorie de l'intuition et de la *Logique* comme théorie du concept et de l'Idée, mais encore celui de la raison pure et de la raison pratique. Le principe unifiant est la réceptivité ou intuition pure du temps comme fondement de l'ouverture à l'être. Évidente au niveau de l'intuition, c'est-à-dire de l'*Esthétique transcendantale*, on peut se demander cependant comment Heidegger parvient à maintenir la *dépendance* de la pensée à l'égard du donné aux niveaux de l'entendement (doctrine des catégories) et de la raison (doctrine de l'inconditionné ou des idées de la raison). Kant n'affirme-t-il pas la spontanéité des concepts de l'entendement et des Idées de la raison ? N'est-il pas abusif de tout ramener à la réceptivité, à l'intuition pure ?

Avec l'imagination transcendantale est atteint selon Heidegger l'horizon unitaire et originaire de la conscience de l'être, transversal aux dualismes insitués par la *Critique* (sensibilité et entendement, intuitions et concepts, esthétique et logique) et plus fondamental qu'eux. Ceci s'atteste au fait que l'imagination n'a pas de lieu théorique et psychologique, ne relève pas plus de l'esthétique que de la logique et ne constitue pas à proprement parler une troisième source de représentation. La « racine commune » à la sensibilité et à l'entendement évoquée par Kant (A 15 / B 29) ne doit pas être comprise comme un fondement métaphysique. Elle désigne la structure commune en laquelle doit s'entendre la distance entre sensibilité et entendement. « Sans patrie », l'imagination n'est pas un troisième fondement de connaissance puisqu'elle renvoie comme unité originelle propre à la constitution même de la subjectivité transcendantale : l'esthétique et la logique sont d'emblée orientées vers l'imagination, c'est-à-dire « vers la transcendance, laquelle n'est pas la simple somme de l'intuition pure et de la pensée pure mais constitue une unité originelle propre »[1].

En quel sens peut-on avancer que l'intuition et le concept sont originellement imaginatifs ? Heidegger avance que le temps lui-même est imaginatif, ce qui ne va pas de soi si l'on respecte la lettre de la *Critique*. Heidegger plaque sur elle le début du § 28 de *l'Anthropologie d'un point de vue pragmatique*, où Kant définit l'imagination comme *exhibitio originaria*, productrice du temps et de l'espace pur. Or, dans la *Critique*, l'imagination est productrice en tant qu'elle détermine l'espace et le temps, mais non pas en tant qu'elle les produit. Le temps et l'espace comme intuitions pures sont ce à partir

1. *Kant et le problème de la métaphysique*, trad. A. de Waelhens et W. Biemel, Paris, Gallimard, 1953, § 27, p. 194.

de quoi l'imagination produit les figures mathématiques (déterminations de l'espace pur) et les schèmes (déterminations du temps), mais non les produits mêmes de l'imagination. Heidegger affirme pourtant :

> « Les intuitions pures sont quant à leur essence un exposé originaire, c'est-à-dire producteur de l'intuitionnable : *exhibitio originaria*. Or, dans cet exposé se trouve l'essence de l'imagination pure » (*ibid.,* § 26, p. 189).

L'argument qui soutient cette affirmation est le suivant : en tant que pure, l'intuition change de nature. Elle n'est pas comme l'intuition empirique réception d'un ici ou d'un maintenant donné, mais offre le champ universel de tous les maintenant possibles et de tous les ici possibles. Telle est la structure même de la transcendance : pour recevoir l'étant donné, il faut au préalable constituer l'horizon (non donné) de la rencontre objectivante. Cet horizon, à savoir le temps et l'espace comme « totalités multiples » débordant l'ici et le maintenant, n'est pas lui-même donné, mais produit par l'imagination. Il s'agit donc bien d'une totalité produite dans l'intuition pure, aperçue dans la création même de la figure du temps, lui-même impliqué dans la *synopsis* de l'espace pur.

En quel sens à présent peut-on avancer que l'entendement, à son tour, est originellement imaginatif ? Les concepts purs de l'entendement sont originellement imaginatifs dans la mesure où ils sont constitués par le temps. Kant nous dit en effet que les concepts, pour être appliqués au donné, doivent être schématisés par l'imagination transcendantale. Or, qu'est-ce qu'un schème ? C'est une détermination de l'intuition pure du temps : « Les schèmes ne sont donc autre chose que des *déterminations du temps* a priori » (A 145 / B 184, souligné par Kant).

L'imagination produit donc la figure du temps pur ainsi que les schèmes ou déterminations temporelles qui confèrent aux concepts purs l'horizon de leur sens. Ainsi, même dans sa dimension de spontanéité, l'esprit humain, loin de créer les objets, se contente de se préparer à les accueillir. L'imagination pose devant l'esprit par anticipation, dans l'attente de la matière donnée, les schèmes qui permettront aux concepts de s'objectiver, de se remplir intuitivement en s'appliquant au divers sensible. L'entendement *dépend* donc du travail d'une faculté sensible, l'imagination, qui, en procurant aux concepts de l'entendement des schèmes sensibles (les déterminations de l'intuition pure du temps comme donnée fondamentale), introduit un élément de *réceptivité* dans l'activité de l'esprit. Dans l'activité de l'entendement, il y a ainsi une dimension intrinsèque de réceptivité, donc de dépendance. En tant qu'elle dépend de l'intuition pure du temps et de l'imagination, la raison finie, écrit Heidegger, « est réceptive en sa spontanéité même »[1].

Réceptivité originaire, et non production originaire, telle est la marque de la finitude, de l'*intuitus derivativus* par opposition à l'*intuitus originarius*. L'audace sans précédent de Kant, selon Heidegger, consiste, comme le souligne justement Alain Renaut, à installer « le travail de l'imagination, comme réceptivité originaire, au cœur même de l'esprit ». Kant fait ainsi « vaciller le privilège ancestral de la raison », et bouleverse « l'image de la subjectivité »[2]. De fait, le fondement de l'objectivité n'est plus désormais le sujet comme raison, c'est-à-dire comme pure spontanéité, mais le sujet comme

1. *Kant et le problème de la métaphysique*, § 30, p. 214.
2. Alain Renaut, *Kant aujourd'hui*, p. 100.

spontanéité réceptive, c'est-à-dire comme spontanéité ordonnée à la réceptivité originaire de l'intuition pure du temps. Bien que spontanée, c'est-à-dire productrice, l'imagination transcendantale est réceptive en tant qu'elle travaille sur la base d'une intuition donnée, celle de la temporalité, qu'elle a pour tâche d'exhiber et de déterminer.

La dépendance du sujet fini par rapport à l'intuition pure du temps subsiste en effet au niveau même de la raison, tant théorique que pratique. L'activité de la raison théorique consiste, comme on sait, à conférer unité et systématicité aux concepts de l'entendement au moyen des Idées de la raison que sont Dieu, l'âme, le tout du monde. Certes ces Idées pourraient sembler briser la chaîne de la finitude puisque, comme Kant le souligne lui-même, on ne peut leur faire correspondre aucun schème et aucune image[1]. Mais comme les concepts de l'entendement sont ordonnés à l'intuition, et que les Idées ne sont rien d'autre que les principes servant à unifier ces concepts, on peut dire que la raison théorique, en tant qu'elle dépend des concepts de l'entendement pour les unifier, est elle-même rattachée à l'intuition, et qu'elle n'accomplit nullement une percée hors de la finitude.

Mais Heidegger va encore plus loin : même la raison pratique reste selon lui rivée à la sensibilité. Heidegger retrouve au plan de la moralité cette réceptivité *a priori* constitutive de la finitude, avec le sentiment pur du respect « qui nous ouvre à la loi » (*Kant et le problème de la métaphysique*, § 30). Le respect à l'égard de la loi morale est la condition de possibi-

1. Kant écrit que nous ne pouvons jamais les mettre en image : *« ... niemals im Bilde entwerfen können »*, A 328 / B 384.

lité du sentiment de soi comme libre, et de toute détermination de l'action, de même que le temps est la condition de toute détermination objectivante de l'étant. Il en va de la loi morale comme de la règle ou du concept théorique : tous deux se fondent dans l'image pure, du sentiment pour la première, du temps pour le second. Heidegger résout l'apparente contradiction entre la raison théorique soumise à l'intuition et la raison pratique dont la loi n'est pas schématisable en montrant qu'en fait le respect sensibilise la loi. Le sentiment du respect remplit la fonction du schème, en ce qu'il détermine l'horizon ontologique intuitif du Moi moral au sein duquel peut s'inscrire toute détermination particulière : c'est parce que je respecte la loi que je reconnais comme valeur toute action particulière susceptible d'être universalisée.

Le respect circonscrit l'horizon pratique comme le temps circonscrit l'horizon théorique. Tandis que l'interprétation néo-kantienne refusait de sensibiliser la loi, sous prétexte d'élever l'homme à sa destination morale, cette élévation morale est confiée par Heidegger à la sensibilité même, c'est-à-dire à l'imagination. Non seulement l'imagination déploie la *synopsis* du temps et du respect dans le sens interne, mais en outre elle met en relation la loi avec le sentiment, de même qu'elle met en relation le concept avec l'intuition pure. Alain Renaut écrit : « ... dans un cas comme dans l'autre, la mise en relation des deux termes engage directement l'imagination transcendantale – entendue comme cette structure selon laquelle la réceptivité s'inscrit au cœur de la spontanéité. »[1] L'imagination fait donc l'unité de la raison théorique

1. *Kant aujourd'hui*, p. 237-238.

et de la raison pratique. Kant selon Heidegger, en fondant la loi morale sur un sentiment, enracine la raison pratique dans la seule instance susceptible de relier la réceptivité à la spontanéité, à savoir « dans l'imagination transcendantale »[1].

Reste à comprendre en quel sens l'imagination, en tant qu'elle rapporte la loi au sentiment, lui confère le sens qu'elle prend pour nous, les hommes. En rattachant la loi à la sensibilité, l'imagination lui fait prendre le sens qu'elle revêt pour les seuls êtres sensibles, pathologiquement conditionnés, celui d'un impératif. Comme le dit Kant lui-même, l'impératif moral présuppose la sensibilité, « par conséquent aussi la finitude de ces êtres auxquels la loi morale impose le respect » (*CRPr,* A V 76 : « Pléiade », t. II, p. 700). De fait la volonté sainte, dépourvue de mobiles pathologiques, coïncide avec la loi morale et ne la reçoit pas sous la forme d'un impératif contraignant. Aussi ignore-t-elle le sentiment du respect : « Ce respect pour la loi ne peut être attribué à un Être suprême, ou même à un être libre de toute sensibilité » *(ibid.).*

Heidegger reconnaît que la doctrine kantienne de l'imagination a fait vaciller la métaphysique traditionnelle en déboutant le primat de la raison. Il reconnaît que Kant a su amorcer la question de l'être, à travers l'interrogation sur ce par quoi le *Dasein* se rapporte à l'être. Mais il reproche précisément à Kant de n'avoir pas mené sa réflexion à terme. Kant s'est davantage attaché à la dimension active du sujet qu'à sa dimension réceptive, pourtant seule susceptible, selon Heidegger, de faire avancer la question de l'être. Le primat accordé par Kant au sujet en tant qu'actif et métho-

1. *Kant et le problème de la métaphysique*, § 30, p. 217.

dique – Kant présente la *Critique* comme un traité de la méthode – réinstalle malgré tout le criticisme dans la continuité de la philosophie moderne inaugurée par Descartes. Dans un cours prononcé lors du semestre d'hiver 1935-1936 et devenu ultérieurement *Qu'est-ce qu'une chose ?*, Heidegger place Kant dans la continuité de Descartes :

> « Le cours de la pensée métaphysique se meut dans l'enceinte diversement délimitée de la subjectivité. C'est pourquoi Kant dira plus tard [= après la *Critique*] : toutes les questions de la métaphysique se laissent ramener à la question : qu'est-ce que l'homme ? Dans la préséance de cette question se cache la préséance de la méthode, qui reçut son empreinte des *Regulae* de Descartes. »[1]

Assiste-t-on là à un revirement dans l'interprétation heideggerienne de Kant ? Il semblait tout à l'heure que c'était justement pour avoir questionné l'homme dans son ouverture à l'être que Kant accomplissait une percée audacieuse dans l'histoire de la métaphysique. Maintenant au contraire ce même questionnement inscrit Kant dans la continuité de l'histoire de la philosophie moderne. En fait, ce que Heidegger reproche à Kant, c'est d'avoir mis l'accent non pas sur la question de l'être, mais sur celle des moyens ou de la méthode permettant à l'homme d'assurer son emprise sur l'être. Kant est l'héritier de Descartes au sens où il privilégie la question de l'homme par rapport à celle de l'être, la problématique centrale étant celle de la méthode permettant au sujet humain d'affirmer sa maîtrise sur la nature, et d'inscrire son moi moral en elle. Bien loin de faire de l'analytique du *Dasein* le point de départ d'une nouvelle ontologie, le criti-

1. *Qu'est-ce qu'une chose ?*, trad. J. Reboul et J. Taminiaux, Paris, Gallimard, 1971, p. 120.

cisme n'apparaît que comme un moment du processus par lequel la souveraineté du sujet actif s'est radicalisée. Cette interprétation n'est pas contradictoire avec celle développée dans *Kant et le problème de la métaphysique*, qui manifestait la présence chez Kant d'une ontologie fondamentale, puisque précisément Heidegger reproche à Kant d'avoir reculé devant sa découverte de la temporalité et de l'imagination comme fondement du mode d'être du *Dasein* et comme fondement du sens de l'être.

À juste titre Heidegger soulignait que même si le chapitre sur le schématisme demeurait intact dans la seconde édition de la *Critique*, celle-ci, contrairement à la première, assigne *à l'entendement* ou encore au *Je pense* la fonction de synthèse qui revenait à l'imagination dans la première. Dans le système des « principes de l'entendement pur », Kant place l'accent bien davantage sur la dimension active du *Je pense* que sur la dimension passive de son ouverture au phénomène. Le primat du *Je pense* et le relatif retrait de l'imagination attestent le recul de Kant devant sa découverte ontologique, laquelle indéniablement le préoccupe moins que la question de la souveraineté du sujet, tant théorique que pratique. Plutôt que de développer la question de l'ouverture du sujet à l'être, plutôt que d'insister sur la réceptivité indépassable qui s'attache à lui et permet, comme Heidegger a tenté de le montrer, d'unifier l'ensemble de ses attitudes, *Kant insiste sur la maîtrise du donné, et du coup cultive le dualisme ou l'opposition entre la matière et la forme que précisément la thématique de l'intuition pure du temps permettait de conjurer.* Kant pense le rapport du sujet à l'être en termes de dualité ou d'opposition, puisqu'il s'agit de se rendre maître de ce qui s'offre à nous plutôt que de l'assumer comme constitutif de notre mode d'être et de notre rapport aux objets. L'oubli de l'être signifie chez Kant l'oubli de l'intuition pure du temps comme fondement omniprésent de notre ouverture à l'être, ou encore le refoulement des conséquences de ce fondement sur la prétendue souveraineté de la raison. L'oubli de la question de l'être, c'est la peur de ne pas tout maîtriser, de se laisser dominer par ce que le moi n'a pas produit lui-même. Fondamentalement l'homme est ouvert à l'afflux de ce qu'il ne produit pas et ne contrôle pas, aussi bien le divers pur du temps et de l'espace que le divers empirique ou matière. Exposé à l'altérité, l'homme a pour premier souci de devenir maître de cet afflux, de s'y rapporter à partir d'une supériorité supposée, celle du *Je pense*, qui permet d'organiser ce flux, et de le stabiliser en le ramenant à sa stabilité propre : le divers des représentations est ramené, par les règles de l'entendement pur, à l'identité stable du *Je pense*, qui « accompagne toutes mes représentations ».

Autrement dit, Kant cherche avant tout à surmonter l'altérité en ramenant à soi le donné, à se l'approprier plutôt qu'à se laisser décontenancer par elle. L'illusion fondamentale consiste, selon Heidegger, à croire que le « Je pense » a une autonomie indépendamment du divers qui lui est donné. Alors qu'il découvre dans la première édition de la *Critique* que le moi ne se rapporte au monde qu'à partir du temps et de l'imagination, Kant, dans la seconde édition de 1787, insiste surtout sur le *Je pense* comme source et origine des règles de l'entendement. Telle est l'inconséquence de Kant pour Heidegger : le moi ne saurait être l'origine. L'origine est le temps, dont on a vu qu'il était le fondement des règles de l'entendement, celles-ci n'ayant de rapport à l'être que par les schèmes, c'est-à-dire des déterminations temporelles.

Le souci de constituer et de maîtriser l'emporte chez Kant sur l'épreuve de la donation : c'est le « Je pense » qui, en définitive, remporte le titre de fondement, et non l'intuition pure. C'est dans la même optique que Heidegger interprète, en 1962, *La thèse de Kant sur l'Être*. En faisant de l'être non un prédicat de la chose, mais la position de la chose avec tous ses prédicats, Kant pense encore l'être à partir d'une activité fondatrice du sujet humain. En effet Kant ne fait rien d'autre que de distinguer entre deux *activités* du moi : l'attribution d'un côté, la position de l'autre. La spécificité de l'existence se trouve cernée à partir d'un *acte* de position, non à partir du primat de la réceptivité, même si c'est sur la base de *sensations* réglées que l'acte de position intervient. Et c'est bien en ce sens que Cohen avait déjà interprété Kant : c'est le moi qui pose l'effectivité, ou encore l'existence n'est qu'un acte du moi appliquant la catégorie d'effectivité au divers sensible. Le sujet n'accorde l'existence qu'à ce qu'il peut lier, donc maîtriser, suivant les lois nécessaires de son entendement. Bref, comme le souligne justement Alain Renaut, la rupture de Kant avec la métaphysique dogmatique (déduisant l'existence de l'essence de Dieu, progressant donc par simples concepts) dissimule selon Heidegger « une soumission beaucoup plus profonde à une autre métaphysique, celle par laquelle, chez les Modernes, c'est l'*ego cogito* qui est devenu le nouveau "seigneur de l'étant" »[1].

Eu égard au problème du dualisme de la matière et de la forme, l'essentiel de la lecture heideggerienne de Kant réside donc dans l'interprétation de l'imagination comme spontanéité réceptive. Cette interprétation permet indéniablement

1. *Kant aujourd'hui*, p. 105.

de conjurer le dualisme de la sensibilité et de l'entendement, de la réceptivité et de la spontanéité, de la matière et de la forme, de la raison théorique et de la raison pratique, en manifestant comment la réceptivité (l'intuition pure du temps, le sentiment pur du respect), nourrit la spontanéité (le schématisme des concepts purs de l'entendement, la loi morale qui n'a de sens que par le sentiment qu'y s'y rapporte). Heidegger saisit dans l'unité, c'est-à-dire dans l'imagination à la fois réceptive et spontanée, ce que la grande majorité des interprètes antérieurs de Kant ont toujours perçu comme une dualité problématique : la réceptivité d'un côté, la spontanéité de l'autre.

Le débat de Davos

Le débat de Davos de mars-avril 1929 consiste en une confrontation entre Cassirer et Heidegger au sujet de l'interprétation du kantisme. *Le nerf du débat se concentre peu à peu sur celui du « dualisme » kantien de la raison pure et de la raison pratique.* Avant Heidegger l'interprétation dominante comprenait la raison pratique comme un dépassement de la finitude, la personne morale valant comme noumène, c'est-à-dire comme source *intemporelle* de l'action morale et productrice des fins bonnes. En tant que producteur le sujet moral apparaîssait comme non fini, non limité par autre chose que lui-même, bref, autonome. Telle est l'interprétation que Cassirer reprend à son compte, interprétant le sujet pratique comme accomplissant « une percée au-delà de la finitude ».

C'est cette interprétation dominante que Heidegger, pour

les motifs qu'on a vus, remet entièrement en cause avec sa thématique d'une finitude radicale de l'homme. Cette thématique conduit à dépasser le dualisme supposé du sujet comme raison pure, soumis à la réceptivité, et du sujet comme raison pratique, producteur et autonome, échappant à la finitude en tant que noumène. Heidegger en effet conçoit une continuité et non une rupture entre sujet théorique et sujet pratique, puisque l'un comme l'autre lui apparaissent comme rivés à la sensibilité, le premier par l'intuition, le second par le sentiment du respect. Le débat porte successivement sur 1) l'imagination, 2) l'entendement, 3) la raison.

1) À Cassirer qui évoque le caractère à la fois fondamental et producteur de l'imagination productrice (p. 30), donc la spontanéité qui consacre non pas la dimension finie mais au contraire infinie de l'homme, Heidegger rétorque :

> « Kant désigne l'imagination du schématisme comme *exhibitio originaria.* Originarité certes, mais cette originarité est une *exhibitio*, une exhibition de la présentation, du libre "se-donner", lequel recèle la relation nécessaire à un recevoir » (p. 35).

En assumant la définition de l'imagination comme *exhibitio originaria*, il semblerait au premier abord que Heidegger scie la branche sur laquelle il est assis : *originaire* signifie, au sens kantien, *créateur.* Donc si l'imagination crée elle-même les intuitions qu'elle aura ensuite en charge de déterminer, toute trace de réceptivité et de finitude semble s'effacer de son pouvoir : elle crée à la fois la matière pure (espace, temps) et la forme (les figures mathématiques, les concepts purs).

Heidegger semble donc renforcer l'argument de Cassirer, qui se contentait d'évoquer la dimension productrice de l'imagination (productrice de schèmes) sans aller jusqu'à lui conférer un pouvoir *originaire*, c'est-à-dire créateur. Mais l'examen du statut de l'*exhibitio* conduit Heidegger à renverser entièrement l'argument. L'imagination est originaire en tant qu'elle exhibe non pas l'étant, mais ce qui lui permettra de se rapporter à l'étant. Elle n'exhibe pas l'étant lui-même en le créant, mais exhibe seulement la matière pure (l'espace et le temps) lui permettant de *comprendre* l'étant. Ce qu'elle se donne ne lui sert donc qu'à *recevoir*. L'imagination humaine est bel et bien infinie, mais seulement au sens de la compréhension de l'être. Elle nous prépare à accueillir ce qu'elle ne crée pas mais reçoit, étant entendu que « l'homme n'est jamais infini et absolu dans la création de l'étant » (p. 35). Sa puissance est seulement ontologique, en tant qu'elle fonde notre compréhension de l'être, mais non ontique, puisqu'elle ne crée pas l'être. L'infinité qui éclate dans l'imagination est donc la plus forte preuve en faveur de notre finitude, puisqu'elle souligne le fait que nous ne pouvons que comprendre l'étant, nous préparer à l'accueillir, faute de pouvoir le créer. Dieu ne possède ni imagination ni ontologie, puisqu'il n'a pas à comprendre et à accueillir l'être, mais à le créer. Cette remarquable analyse de l'imagination permet donc à Heidegger de retourner l'argument de son adversaire contre lui-même : le fait que l'imagination soit « productrice » est la preuve non pas de l'infinité humaine mais de sa finitude, c'est-à-dire de notre dépendance à l'égard de l'étant que nous ne créons pas mais que nous nous contentons de comprendre.

2) Le second argument de Cassirer concerne cette fois le statut kantien de l'entendement, dont la spontanéité n'est pas annulée, mais seulement suscitée par la réceptivité de l'intuition. De fait Kant écrit que le divers sensible fournit à

l'entendement *l'occasion* de s'appliquer. En ce sens, la limitation de l'entendement aux phénomènes est la condition même de son exercice spontané, puisque ce sont les phénomènes qui lui donnent l'occasion de mettre en œuvre sa puissance. Cassirer affirme que l'entendement possède « dans le domaine de l'expérience et de ses phénomènes un caractère intégralement créateur (...). Ainsi la limitation de l'entendement manifeste-t-elle justement, et par excellence, son irréductible spontanéité, sa créativité authentique et non simplement dérivée »[1]. En profondeur, Cassirer nous semble vouloir dire que la réceptivité est la condition même de l'infinité. Bien plus : on ne peut concevoir l'infinité, c'est-à-dire la production, que sur la base de la réceptivité. Si, comme le souligne Cassirer, nous ne pouvons nous faire d'un entendement créateur « la moindre représentation », si cet entendement n'est en ce sens, comme dit Kant en B 311, qu'un « problème », si nous ne pouvons faire de cet entendement qu'un usage négatif, c'est peut-être aussi parce que l'infinité qui lui incombe est sujette à caution. Que vaudrait un pouvoir producteur infini qui ne serait pas sollicité par une matière donnée ? Ne serait-il pas condamné à la plus parfaite *stérilité* une fois effectué son premier acte créateur, c'est-à-dire, littéralement, à une totale improductivité ? L'homme n'a-t-il pas un avantage sur Dieu, qui est que sa soumission au donné l'incite sans cesse à exercer son infinité, à produire de nouvelles formes pour organiser la matière ? La finitude n'est-elle pas la condition essentielle de l'infinité, c'est-à-dire de l'exercice réitéré de la puissance

1. *Remarques sur l'interprétation de Kant proposée par M. Heidegger* (désormais *R*), in *Débat sur le kantisme*, p. 64.

de produire ? Il nous semble que Cassirer renverse pertinemment la perspective fondamentale de Heidegger consistant à dire : la productivité est le signe de la finitude, en tant qu'elle s'exerce en vue d'une matière donnée. À l'inverse faudrait-il proclamer : la finitude, c'est-à-dire les sollicitations que nous recevons du donné, est la condition essentielle et *indépassable* de l'infinité comme production incessante de formes. Si Kant s'attache à un dualisme décidé et radical, n'est-ce pas précisément pour garantir l'infinité de l'imagination ?

Le second argument concernant l'entendement est le suivant. Cassirer, tout en admettant la dépendance de l'entendement à l'égard de l'intuition, atténue cette dépendance en soulignant que c'est l'entendement qui constitue l'intuition : « l'être de l'intuition comme intuition *déterminée* – et que serait un être privé de toute détermination ? – dépend de la fonction de l'entendement » (*R*, p. 65). En d'autres termes c'est l'entendement qui façonne le divers pur du temps et de l'espace de sorte à en faire une intuition déterminée. Ainsi l'espace construit des mathématiques est-il façonné par une synthèse de l'entendement, comme l'indique Kant (*CRP*, B 161). L'entendement précède donc l'intuition en tant que déterminée. Mais cela ne change rien à l'argument précédent de Heidegger : le fait que l'entendement ait besoin d'une construction, qu'il ait à opérer une synthèse entre des éléments d'un divers pur, en vue de se préparer à accueillir l'étant, c'est précisément cela qui définit la finitude.

3) La discussion de la thèse de Heidegger prend en revanche toute sa pertinence lorsque Cassirer aborde la raison pratique. Si l'on peut admettre que la raison théorique et l'entendement restent en un sens rivés à la sensibilité, il n'en

va plus de même avec la raison pratique. Car avec l'« absolu » qui correspond à l'Idée de liberté, la raison ose finalement franchir le pas décisif vers le pur intelligible, à la fois suprasensible et supratemporel. La dépendance à l'égard de la temporalité semble alors surmontée.

Telle est la différence essentielle entre la raison théorique et la raison pratique. La raison théorique produit des Idées qui, comme les concepts, ne sauraient avoir de signification qu'en se rapportant au sensible. Même si les Idées de la raison ne sont pas schématisables, elles se rapportent néanmoins *médiatement* au sensible en tant que principes régulateurs pour l'usage de l'entendement qui, lui, se rapporte à l'intuition, donc au temps. En d'autres termes, les Idées de la raison n'ont de sens que si on les ramène d'une certaine façon à l'intuition, ce qui s'accomplit à travers leur fonction régulatrice à l'égard de l'entendement. Il n'en va plus de même avec la raison pratique, puisque les concepts pratiques, étant des catégories de la liberté comme *noumène*, ne peuvent entretenir le moindre rapport, même médiat, avec le contenu d'une intuition.

Comment les concepts pratiques sont-ils représentables s'ils n'entretiennent nulle relation avec l'intuition ? Kant résout ce problème à travers cet analoque du schématisme que constitue la « Typique de la faculté de juger pure pratique ». Cassirer insiste sur le fait que dans la Typique, la présentation des concepts pratiques s'opère sans relation à l'intuition et à la temporalisation. C'est par référence à un élément purement conceptuel (la forme de la légalité dans la nature) que le concept moral de soumission à la loi prend sens. Puisque nulle ouverture à la temporalité n'intervient à ce niveau, Cassirer conteste la présence, au cœur de la raison pratique, de l'imagination transcendantale : « Il y a un schématisme de la raison théorique, mais il n'y en a pas de la raison pratique. » Il existe donc bel et bien un hiatus entre la raison théorique et la raison pratique puisque la seconde seule franchit le « passage au *mundus intelligibilis* » (p. 31).

Heidegger répond pertinemment à cet argument lorqu'il questionne la notion d'éternité. Si on applique l'éternité au noumène, c'est-à-dire à la liberté, si on conçoit la loi morale elle-même comme éternelle, hors du temps (Cassirer la qualifie volontiers de vérité éternelle), fait-on autre chose que présenter une détermination temporelle, fait-on autre chose qu'*imaginer* ? Heidegger demande : « D'où vient notre savoir de cette éternité ? Cette éternité n'est-elle pas tout simplement la permanence au sens de l'*aei* du temps ? Cette éternité n'est-elle pas simplement ce qui est possible sur la base d'une transcendance interne du temps lui-même ? » (p. 36-37). Heidegger insiste sur le fait que comprendre l'intemporel, l'éternel, le permanent n'est possible que grâce à la transcendance interne du temps. La liberté comme noumène intemporel, mais encore la représentation de la loi morale comme « projet » (Agis *toujours* en sorte...), suppose l'intuition du temps, c'est-à-dire « un horizon, de présence, de futurité *(Künftigkeit)* et de passéité *(Gewesenheit)* » (p. 37), et l'on peut dire que le « toujours » n'est lui non plus rien d'autre qu'une détermination temporelle, donc un schème de l'imagination. *Bref, l'imagination s'inscrit au cœur de la raison pratique, de telle sorte que le dualisme de la raison théorique et de la raison pratique n'est qu'apparent.*

Mais Cassirer présente un second argument contre l'hégémonie de la finitude, en constestant le rôle accordé par Heidegger au sentiment de respect, conçu comme cette dimension de spontanéité réceptive continuant d'inscrire la finitude dans la raison. Cassirer souligne que Kant distingue rigoureusement la loi morale et le sentiment de la loi, le contenu de la loi et la manière dont l'homme s'y rapporte : « Le contenu de la loi morale ne se fonde nullement selon Kant sur le sentiment du respect ; celui-ci n'en constitue pas le sens. Ce sentiment indique purement et simplement la manière dont la loi, absolue en soi, est représentée dans la conscience empirique finie ; il n'appartient pas à la fondation de l'éthique kantienne, mais à son application » (*R*, p. 70). Cassirer détruit ici l'argument de Heidegger qui est : de même que la raison théorique ne produit rien si elle n'entretient un rapport direct ou indirect avec l'intuition, de même la raison pratique comme production de la loi et des fins bonnes ne serait pas possible sans la réceptivité du respect. En soulignant que l'activité de la raison pratique comme fondation de la loi n'est nullement engagée par la conscience de la loi (le respect), Cassirer arrache la raison pratique à la finitude. Le contenu de la loi morale en effet vaut pour la raison indépendamment du respect, puisqu'elle s'impose aussi bien à la volonté sainte (finie ou infinie) qu'à la volonté humaine.

Kant insiste sur le fait que le principe de la moralité vaut « non seulement pour les hommes, mais pour tous les êtres raisonnables en général » (*FMM*, A IV 408 : P II 268), qu'il « n'est pas restreint aux hommes seuls », mais « s'étend même à l'Être infini en tant qu'intelligence suprême » (*CRPr*, A V 32 : P II 646). *Aussi la loi morale a-t-elle une validité et une consistance indépendamment de sa réception par la sensibilité sous la forme du respect.* Même si l'homme, pathologiquement conditionné, la saisit comme un impératif (contrairement à la volonté sainte qui coïncide avec la loi), même s'il se rapporte à elle sur le mode du respect, bref, même si sa conscience de la Loi est le signe de sa finitude, le contenu même de la Loi en revanche lui fait franchir le pas dans l'infini. À cet égard la lecture de J.-F. Lyotard nous semble parfaitement justifiée : « Comme principe pur de la raison pratique, la Loi morale est, au sens strict, inhumaine. » En étendant la Loi à l'ensemble des êtres raisonnables, Kant dégage « l'instance in-humaine de la Loi », et fait « son droit à l'inhumain »[1]. Non seulement cette interprétation nous paraît conforme à la lettre même du kantisme, mais en outre elle permet, bien que ce ne soit pas son intention initiale, de concevoir, avec Cassirer, une percée hors de la finitude.

Il convient en effet de souligner que Cassirer désigne la Loi morale comme une « vérité éternelle », increéée, qui ne prend pas sens dans le seul champ de la raison humaine mais gouverne toute raison, finie ou non. À propos de la règle exigeant de ne jamais traiter l'être raisonnable comme un moyen, mais toujours comme une fin, Kant écrit qu'elle s'impose non seulement aux hommes, mais « encore à la volonté divine relativement aux êtres raisonnables dans le monde, comme étant ses créatures » (*CRPr*, A V 87 : P II 714). Contrairement au Dieu de Descartes, dont la puissance demeure au-dessus des lois qu'elle établit, « l'intelligence toute suffisante » n'est pas pour Kant au-dessus des lois, mais seulement « au-dessus de l'obligation et du devoir » (*CRPr*, A V 32 : P II 646). La loi morale ne s'impose pas à la volonté de Dieu sous la forme

1. J.-F. Lyotard, « La police de la pensée », *L'Autre Journal*, décembre 1985, p. 30. De même Hermann Cohen affirmait que la loi morale serait valable quand bien même l'homme n'existerait pas, *Kants Begründung der Ethik*, 2e éd., 1910, p. 162.

d'une obligation ou d'un devoir. Il n'en demeure pas moins que sa volonté, en tant qu'elle coïncide avec la loi, ne saurait s'y soustraire.

Les lois immanentes à ma raison finie me font donc connaître ce que Dieu veut : « ... chacun peut reconnaître par sa propre raison la volonté de Dieu » (*La religion*, A VI 104 : P III 126). Même si Kant nomme à plusieurs reprises les devoirs « commandements divins », il ne faut pas entendre ces commandements comme des lois arbitrairement décrétées. Telle est la différence essentielle avec Descartes. Les lois morales ne sont pas pour Kant l'effet de la volonté divine, mais la constituent. La volonté divine, écrit Kant, est « déterminée à partir de simples lois morales » *(ibid.)*, c'est-à-dire qu'elle leur demeure soumise. Soumis aux mêmes lois, les hommes, les êtres rationnels non humains et Dieu peuvent former une communauté ou un corps éthique. Avec la loi morale, nous ne restons donc pas à l'intérieur du monde créé et de la finitude, comme le prétend Heidegger, puisque cette loi gouverne le règne des fins *qui échappe précisément aux conditions du temps* et dont Dieu lui-même, à titre de chef ou de souverain, fait partie. La loi morale est *absolue*, c'est-à-dire valable sous tout rapport. Aussi Cassirer est-il fondé à affirmer contre Heidegger que dans la loi morale kantienne « est atteint un point qui n'est plus relatif à la finitude de l'être connaissant, mais où un absolu est posé » (*R*, p. 70).

Il y a donc bien un dualisme entre le sensible et l'intelligible, que l'imagination ne saurait conjurer. Contre Heidegger qui ramène tout à l'imagination transcendantale, Cassirer déclare : « Kant ne soutient jamais un tel monisme de l'imagination : il s'attache à un dualisme décidé et radical, au dualisme du monde sensible et intelligible » (p. 72). Certes le sujet fini manifeste sa finitude dans la conscience qu'il prend de la loi (comme impératif), mais en tant qu'il appartient au monde intelligible in-humain (non exclusivement humain) il échappe au temps et donc à l'imagination dans sa dimension de réceptivité.

Cassirer retient ici la leçon de Cohen qui avait justement distingué entre la question : « Qu'est-ce que la loi morale ? » et la question : « À travers quelle expérience apparaît-elle dans l'horizon de l'homme ? »[1] Heidegger réduit la découverte kantienne au traitement de la seconde question, et il commet la même erreur à propos de la liberté. Le sens nouménal de l'idée de la liberté kantienne reste lui aussi séparé de la manière dont ce sens apparaît dans la sphère des phénomènes psychiques humains. Pour ce qui est de la liberté et de la raison pratique elle-même, Cassirer souligne qu'elle est pour Kant « un pur intelligible, sans lien avec des conditions purement temporelles » (*R*, p. 71). Cette percée au-delà de la temporalité consacre bel et bien une percée au-delà de la finitude.

Cassirer maintient donc les dualismes établis par Kant, reconnaît la séparation entre les domaines théoriques et pratiques. Il ne surmonte le dualisme ni du côté du concept (tendance intellectualiste), ni du côté de l'intuition (tendance heideggerienne), puisqu'il voit en lui le moteur même de la vie de l'esprit. L'imagination vit du dualisme, qu'elle s'efforce indéfiniment de conjurer en créant de nouvelles formes symboliques. En refusant que l'imagination dévore tout, Cassirer la met à sa place et lui donne une fonction non pas ontologique

1. *Kants Begründung der Ethik*, p. 274.

(elle ne sert pas à traiter la question de l'être), mais épistémologique, artistique, pratique enfin. Elle crée les hypothèses scientifiques, les formes esthétiques, les règles pratiques permettant d'adapter la matière à l'esprit et l'esprit à la matière donnée, selon un processus infini.

Conclusion

> « C'est l'éternelle vitalité qui importe, et non la vie éternelle. »
>
> Nietzsche

Notre parcours nous a permis de distinguer deux attitudes philosophiques antithétiques. La première, la plus répandue, perçoit dans le dualisme de la matière donnée et de la forme une dualité humiliante pour la pensée en quête de systématicité. Trouver son accomplissement signifie pour la philosophie réaliser l'unité systématique « manquée » par le kantisme, ou encore réaffirmer le primat de la pensée sur le donné. Il s'agit de ramener coûte que coûte la dualité à l'unité, qu'il s'agisse d'une unité métaphysiquement fondée (Fichte, Schelling, Hegel), d'une unité idéalement fondée (Cohen), ou encore ontologiquement fondée (Husserl, Heidegger).

Cassirer en revanche perçoit dans le dualisme kantien non surmonté, c'est-à-dire dans l'irréductibilité de la matière donnée à telle forme ou à tel système formel définitif non pas un problème, mais la condition même d'une activité créatrice incessante, mettant en jeu l'imagination comme élément moteur de l'esprit. Le caractère stimulant de l'inadéquation entre la matière et la forme est affirmé par Cassirer dans le domaine épistémologique – entre autres –, où le concept et l'expérience sont saisis dans une corrélation dynamique et féconde : « Tous les deux ne déploient les vertus qu'ils renferment qu'en se mesurant l'un à l'autre. »[1] L'expérience revêt un caractère contraignant : elle tire l'entendement scientifique de ses anciennes certitudes et le conduit à réviser ses schémas. Les « problèmes » qu'elle soulève incessamment sont l'occasion pour notre esprit de déployer et mesurer ses « forces ». C'est une chance que d'être sans arrêt confronté à l'irrationnel, c'est-à-dire à ce que nous ne parvenons pas dans un premier temps à expliquer ou à maîtriser, puisqu'alors les forces productives qui font l'homme trouvent l'occasion de se déployer[2]. Cassirer conclut son *Essai sur l'homme* par ces mots : la productivité « est au cœur même de toute activité humaine. C'est le pouvoir suprême de l'homme ».

Telle est la grande leçon contenue en germe dans le kantisme : le ressort de l'activité productrice réside dans la dualité irréductible de la matière donnée et de la forme qu'il faut sans cesse ajuster l'une à l'autre. Sur ce point Cassirer convient avec Nietzsche. Stefan Zweig montre dans son *Nietzsche* que le dialogue incessant entre la matière et la forme, gage d'une éternelle vitalité, confère son unité aux différentes étapes de la vie et de la pensée nietzschéenne. Ce « Don Juan de la connaissance » sait qu'aucun des actes de connaissance n'est définitif. Connaître signifie remettre perpétuellement en forme, et, au besoin, détruire pour rebâtir.

1. *Philosophie des formes symboliques,* III, p. 458.

2. On retrouvera cette thématique chez Bachelard. Les faits « polémiques », c'est-à-dire les phénomènes nouvellement observés et non explicables par les théories déjà existantes contraignent l'imagination, guidée par l'intelligence, à inventer de nouvelles hypothèses explicatives.

Zweig oppose ainsi l'attitude nietzschéenne à celles des métaphysiciens allemands, qui n'ont de cesse de trouver une clé définitive d'interprétation du réel et qui, une fois leur système réalisé, arborent, à l'instar de Schopenhauer, « la mine satisfaite d'un employé qui va prendre sa retraite » (p. 51).

Nietzsche ne voudrait pas échanger sa vie instable contre celle des métaphysiciens. Ces derniers cherchent dans la connaissance une *aequitas animae*, un rempart contre le débordement des événements ou des sentiments. Or, ce qu'ils cherchent, « Nietzsche le hait, parce que cela diminue la vitalité » (p. 54). Si l'irréductibilité de la matière à une forme stable est le prix à payer pour la vitalité de l'esprit, longue vie au dualisme ! Nietzsche ne craint pas d'être débordé par la matière des sensations et des sentiments puisque seul ce débordement incite la pensée à générer de nouvelles formes. L'unique plaisir de Nietzsche est d'exercer encore et toujours sa force, ce qui n'est possible que si le travail de mise en forme est sans cesse relancé. Si Nietzsche renonce à établir une doctrine ou un système, ce n'est pas parce que sa santé l'en empêche[1], mais au contraire pour préserver ce qu'il nomme « la grande santé », à savoir la capacité créatrice : « Ce n'est pas dans le *savoir*, mais dans le *créer* que réside notre salut. »

Cette conception dynamique de la philosophie nous est moins offerte par les philosophes que nous avons étudiés ici que par l'histoire de la philosophie elle-même. Tous, à

1. A. Philonenko suggère que c'est l'incapacité de se concentrer longtemps – à cause de ses maux de tête – qui contraint Nietzsche aux aphorismes. Grâce à l'aphorisme, « Nietzsche a pu combiner en un moindre mal ses troubles et la puissance de son esprit » (*Nietzsche, Le rire et le tragique*, Le Livre de poche, 1995, p. 11).

l'exception de Cassirer, prétendent soit accomplir la philosophie, soit, tout du moins, délimiter le cadre formel dans lequel toute lecture du réel devra désormais s'inscrire. L'histoire de la philosophie, du moins dans la période envisagée, nous apparaît au contraire comme un va-et-vient permanent entre problèmes et solutions. Les concepts kantiens sont déplacés en vue de résoudre tel ou tel problème, mais ces déplacements soulèvent à leur tour de nouveaux problèmes, etc. L'histoire de la philosophie donne ainsi l'image la plus juste de ce qu'est la philosophie elle-même, à savoir, comme le montre bien Deleuze dans son dernier ouvrage, une « création continuée de concepts »[1], tant il est vrai que les problèmes ne laissent pas de resurgir pour inciter la pensée à de nouvelles créations. Voir dans l'histoire de la philosophie la figure privilégiée de la philosophie elle-même, c'est refuser que celle-ci puisse se figer en l'une de ses figures historiques. C'est concevoir la philosophie non comme un choix entre plusieurs doctrines possibles, mais comme une activité transversale, comme une « éternelle vitalité ».

1. Gilles Deleuze, *Qu'est-ce que la philosophie* ?, Paris, Minuit, 1991, p. 13.

Bibliographie indicative

Benoist Jocelyn, *Kant et les limites de la synthèse. Le sujet sensible*, Paris, PUF, 1996.

Birault Henri, *Heidegger et l'expérience de la pensée*, Paris, Gallimard, 1978.

Bourgeois Bernard, *L'idéalisme de Fichte*, Paris, Vrin, 1995 (2e éd.)

Capeillères Fabien et Wismann Heinz (sous la dir. de), *Cassirer, Cohen, Natorp.*

L'école de Marbourg, textes traduits par Christian Berner *et al.*, Paris, Éd. du Cerf, 1998.

Cassirer Ernst, Heidegger Martin, *Débat sur le kantisme et la philosophie (Davos, mars 1929), et autres textes de 1929-1931*, Paris, Éd. Beauchesne, 1971.

Cassirer Ernst, *Les systèmes postkantiens. Le problème de la connaissance dans la philosophie et la science des temps modernes*, Presses Universitaires de Lille, 1983.

Dastur Françoise, *Heidegger et la question du temps*, Paris, PUF, 1990.

Declève Henri, *Heidegger et Kant*, La Haye, Nijhoff, 1970.

Delbos Victor, *De Kant aux postkantiens*, Paris, rééd. Aubier, 1992.

Deleuze Gilles, *Nietzsche et la philosophie*, Paris, PUF, 1962.

Féron Olivier, *Finitude et sensibilité dans la philosophie d'Ernst Cassirer*, Paris, Kimé, 1996.

Lebrun Gérard, *Kant et la fin de la métaphysique*, Paris, Armand Colin, 1970.

Lehmann Gerhard, *Geschichte der Philosophie,* VIII. *Die Philosophie des neunzehnten Jahrhunderts*, Berlin, Walter de Gruyter, 1953.

Marion Jean-Luc, *Réduction et donation. Recherches sur Husserl, Heidegger et la phénoménologie*, Paris, PUF, 1989.

Nancy Jean-Luc, *L'impératif catégorique*, Paris, Flammarion, 1983.

Philonenko Alexis, *L'école de Marbourg*, Paris, Vrin, 1989.

Renaut Alain, *Kant aujourd'hui*, Paris, Aubier, 1997.

Ricœur Paul, *À l'école de la phénoménologie*, Paris, Vrin, 1998.

Seidengart Jean (sous la dir. de), *Ernst Cassirer de Marbourg à New York*, Paris, Éd. du Cerf, 1990.

Stanguennec André, *Hegel critique de Kant*, Paris, PUF, 1985.

Vergely Bertrand, *Cassirer. La politique du juste*, Paris, Éd. Michalon, 1998.

Vetö Miklos, *Études sur l'idéalisme allemand*, Paris, L'harmattan, 1998.

Vetö Miklos, *Le fondement selon Schelling*, Paris, 1977.

Vuillemin Jules, *L'héritage kantien et la révolution copernicienne*, Paris, PUF, 1954.

Weil Eric, *Problèmes kantiens*, Paris, Vrin, 1963.

Zac Sylvain, *La philosophie religieuse de Hermann Cohen*, Paris, Vrin, 1984.

Zweig Stefan, *Nietzsche*, Paris, Stock, trad. par Alzir Hella et Olivier Bournac, 1996 (4e éd.).

Achevé d'imprimer en mars 2021
sur les presses de la Nouvelle Imprimerie Laballery
58500 Clamecy

Imprimé en France

La Nouvelle Imprimerie Laballery est titulaire de la marque Imprim'vert®

Numéro d'impression : 9795